면접에서 육성까지 한권으로 끝내주는

기질면접

면접에서 육성까지 한권으로 끝내주는

기질면접

최봉학 지음

유능한 경영자들은 면접을 대단히 중시합니다.

사람은 태어날 때 작든 크든 재능을 타고났다. 타고난 재능을 능력으로 발전시키면 성공할 수 있다. 기질을 통해서 과거를, 인상을 통해서 현재를, 역량면접을 통해서 미래를 알 수 있다. 경영자는 조직원의 숨겨진 능력을 발견하여 조직에 활용할 때, 인재는 더욱 빛을 발하며 조직은 탁월한 능력을 발휘할 수 있다.

KSi 한국학술정보[주]

머리말

우리는 사회생활을 하면서 간혹 "그 사람 그럴 사람이 아닌데 내가 사람을 잘못 봤어"라고 하는 경우가 있습니다. 의사결정 과정이나 그 결과에 상관없이 우리는 사람을 잘못 보아서 크나큰 손실을 입거나 후회하는 경우가 비일비재한데 우리는 그 다음에도 똑같은 실수를 반복합니다.

하물며 개인 간의 관계가 이럴진대 기업에서 그 기업을 이어갈 인재의 선발에 있어서는 어떨까요?

사람 보는 법을 모르기 때문에 채용자나 응시자나 모두가 복잡하고 어려운 과정에 많은 돈을 투입하지만 효과는 정반대로 나타나고 있습니다. "저 사람은 우리 회사의 인재가 틀림없어"라고 하며 선발한 사람이 회사에 입사 후 열심히 일하지 않고 열심히 공부만 합니다.

이유는 현재의 직장에서 돈을 벌어 기본적인 문제는 일단 해결하면서 다음에 보다 조건이 좋은 회사에 들어가기 위해 공부만 하는 것입니다.

그렇다면 이를 어떻게 개선해야 할까요?

인간의 본질을 간파하는 것은 쉬운 일이 아닙니다. 그러나 거의 대부분 첫인상으로 상대방을 간파할 수 있습니다. 인간에게는 사람을 만나서 3분 정도 대화를 하면 상대를 파악할 수 있는 능력이 있습니다. 그럼에도 불구하고 자신과 맞지 않는 인간관계를 만들어 실패하는 것은 타고난 능력을 제대로 사용하지 않았거나, 인간관계의 중요성에 무관심해서 또는 무지해서 상황 판단이 틀렸기 때문입니다.

저는 개인적으로 '기업은 조직에 따라 달라진다'는 말을 믿습니다. 그러나 조직을 구성하는 중요한 요소의 하나가 사람이기 때문에 면접을 중시할 수밖에 없습니다. 유능한 경영자는 사람을 채용할 때 반드시 직접 면접합니다.

유능한 경영자들은 면접을 대단히 중시합니다. 유능한 경영자들은 면접을 왜 이렇게 중요하게 생각할까요? 그것은 면접이 사람을 간파할 수 있는 절호의 기회이기 때문입니다. 한편 회사에 따라 신입사원을 채용할 경우 필기시험을 실시하기도 하는데, 그것도 역시 보조적인 선발 수단에 불과합니다.

대개의 회사는 사원을 채용할 경우 필기시험을 실시하지 않는다는 원칙을 정하고 실시하는 기업이 늘어나고 있습니다. 경영자가 볼 때, 사원을 채용할 때 필기시험을 보는 것은 위안거리에 불과하다고 여기기 때문에 대개의 경영자들은 필기시험은 시간과 비용을 낭비하는 것이라고 생각합니다.

면접관은 응시자의 이면에 감추어진 능력을 찾아내어 우리 회사에 적합한 인물을 선발해야 하는 중차대한 임무를 수행하고 있음을 명심해야 합니다.

실제로 가진 실력보다는 겉모습만으로 사람을 평가하는 것이 세상의 이치이며, 입사 면접이 전형적인 예입니다. 면접이란 그 자체가 승부라는 사실을 알아야 합니다. 입사 면접에서 면접관이 하는 질문에 대한 대답은 단순히 지원자의 형식적인 답변으로 볼 수 없는데 그것은 지원자가 자신의 능력과 잠재력, 흥미 등을 표현하는, 요컨대 자신의 전인격적인 면을 온 힘을 다해 전면에 노출함으로써 상대가 자신을 선택하도록 유도하는 행위입니다. 곧 면접은 개인적 비즈니스의 종합적인 오디션입니다.

이렇게 중요한 면접을 위해 이제 우리는 달라져야 합니다. 응시자의 기질과 무의식, 심층의식, 표면의식을 총체적으로 분석하여 기업마다 각기 다른 능력을 가진 인재를 선발하는 데 주안점을 두고 면접을 실시하여 최소의 시간과 비용으로 최적의 인재를 선발하는 데 주안점을 두어야 합니다.

현재의 인성검사 방법, 현대적 역량면접방법, 혈액형에 의한 기질분석, 이제마 선생의 사상체질론 등 동서양의 자료를 망라하여 그중 가장 합리적이며 타당성이 높은 부분만 취합하여 면접현장에서 즉시 활용할 수 있도록 하는 데 주안점을 두었습니다.

본서의 부족함은 지속적으로 보완 발전시킬 것을 약속합니다.

무자년 초하 **최 봉 학**

관련 강좌 안내

전략적 성과관리와 인사관리에 대한 컨설팅과 강의를 진행하면서 현업에 계신 경영자들이 너무나 알고 싶어 하는 내용이라 책으로 발간하였습니다.

전략적 성과관리(BSC)는 가치체계 구축(가치, 미션, 비전), 조직관리, 인사관리, 경영관리, 성과관리, 평가 및 보상에 대한 내용이 포함되며 본서는 기질심리, 인상학, 역량면접에 대하여 저술하였습니다.

본인의 전문분야인 전략적 성과관리와 기질면접에 대한 강의 및 워크숍을 아래와 같이 맞춤식으로 진행하며 관심이 있는 분들은 저자의 이메일(euncom@unitel.co.kr)로 연락 바랍니다.

■ 전략적 성과관리(BSC) 교육 및 구축 워크숍

과정명	강 의	인원규모	워크숍	인원규모
변화와 혁신	2 H	제한 없음	4 H	60명 이내
가치체계 구축	2 H		8 H	
경영전략 수립	2 H		8 H	
전략목표 설정	2 H		8 H	
성과목표 설정	2 H		8 H	
지표정의서	2 H		8 H	

저서: 평가에서 보상까지 한권으로 끝내주는 BSC (한국학술정보 / 2006년)

■ 기질면접 교육 및 워크숍

과정명	강 의	인원규모	워크숍	인원규모
기질심리	2 H	제한 없음	8 H	30명 이내
인상학	2 H		8 H	
역량면접	2 H		8 H	

저서: 선발에서 육성까지 한권으로 끝내주는 기질면접 (한국학술정보 / 2008년)

Contens

제3장 기질특성 35

Contens

제4장 인상학 99

제5장 역량면접 181

Contens

제6장 인재의 육성 239

제 1 장 첫인상

제1장 첫인상

첫인상

채용 전문업체인 잡코리아가 최근 직장인과 대학생 1238명을 조사해 22일 발표한 바에 따르면 응답자의 22.4%가 "성공의 가장 중요한 요건은 학벌"이라고 답했다. 한국 직장인과 대학생들은 성공의 필요조건으로 '학벌'을 최우선으로 생각하는 것으로 나타났는데 남성은 학벌을, 여성은 외모를 가장 중시했다.

그 다음으로 외모(21.9%), 경제적 뒷받침(19.8%), 대인관계 능력(12.4%) 등이 성공 요건으로 꼽혔다. 집안 배경이나 성실성을 성공 요건으로 꼽은 응답자는 각각 9.9%와 9.0%였다.

성별로는 남성이 학벌(25.3%)을 가장 중요한 성공 요건으로 꼽은 반면 여성은 외모(27.3%)를 꼽아 남녀의 시각차를 보였다.

남성은 학벌에 이어 경제적 뒷받침(19.9%)과 외모(17.6%), 대인관계 능력(16.0%) 순으로, 여성은 외모에 이어 경제적 뒷받침(19.7%)과 학벌(18.8%), 집안 배경(10.7%) 순으로 성공 요건을 꼽았다.

사회생활을 하지 않은 대학생들은 학벌(25.1%)과 외모(23.7%), 경제적 뒷받침(19.2%)이 성공에 필요하다고 대답했다.

반면 직장인들은 경제적 뒷받침(20.4%)을 성공의 최우선 요건으로 꼽고 이어 외모(20.1%)와 학벌(19.6%), 대인관계 능력(13.8%) 순이었다.

"열 길 물속은 알아도 한 길 사람 속은 모른다"는 속담처럼 상대의 심리를 파악한다는 것이 쉬운 일은 아니다.

누구나 자신의 심리가 상대에게 드러나는 것을 두려워하는 경향이 있다. 그래서 마음의 벽을 만들어 숨기도 하며 자신조차 자신을 이해하지 못하는 경우가 많다. 그러나 혈액형, 인상학, 사상기질 등을 통해서 분석해 보면 믿기 어려울 정도로 사람들은 공통된 패턴을 보이기 때문에 법칙이나 일반적인 이론은 분명히 존재한다.

첫인상은 갑자기 변하는 것이 아니기 때문에 준비할 수 있는 부분과 준비할 수 없는 부분이 있다. 그러나 그 밖의 외모는 후천적인 것이라 깔끔하게 차리고 준비할 수 있다.

응시자들은 면접에 임할 때 만반의 준비를 갖춘다. 마치 전장에 나가는 장수처럼 철저하게 연습하고 준비하고 면접에 임한다. 심지어 지금 현재 모 회사에서 진행 중인 면접내용이 인터넷을 통해서 실시간으로 전파되는 상황에서 어떻게 효과적인 면접을 통해 인재를 선발할 것인가가 화두다.

기질면접의 특징은 응시자가 단시간에 준비할 수 없는 부분을 좀 더 세밀하게 관찰하여 드러나지 않고 감추어지거나 과도하게 포장된 부분을 열고 응시자의 진면목을 보자는 데 목적이 있다.

응시자는 평상시 잘 닦지도 않는 구두도 깨끗하게 닦고 머리도 자신의 취향이 아니라 지원회사의 문화에 맞추어 잘 손질하고 의상도 비싸지 않고 어울리는 스타일의 100점짜리 의상으로 준비한다. 과거와 교양이 쉽게 드러나는 부분인 인사법도 익히고 명랑한 표정으로 정중하고 확실하게 말하는 자세까지, 그리고 첫인상의 좋은 느낌을 주는 '신뢰감, 자신감, 친근감'을 면접 시 나타내기 위하여 충분한 연습과 훈련을 마친 상태로 철저히 준비하여 임한다.

면접이란 자신의 커뮤니케이션 능력을 총동원하는 기회인데 이 능력은 기술이기 때문에 학습으로 습득할 수 있는 후천적인 능력이므로 연마가 가능하다. 연마가 가능한 부분을 보기 위해서 면접을 실시하는 것은 아니다.

이런 상태에서 어떻게 면접관은 필요한 정보를 획득할 수 있을까?

면접 테크닉은 사전에 연습과 훈련을 통해 익힐 수 있다. 면접 테크닉 이면에 감추어진 정보를 읽어내야 한다.

첫인상에 나타나는 것은 태도가 90%, 습관이 5%, 지식이 3%, 테크닉이 2%인데 태도와 습관은 무의식, 심층의식을 통해서, 지식과 테크닉은 표면의식을 통해서 알 수 있다.

첫인상은 누구도 두 번 줄 수 없다

✔ 다른 사람의 두 번째 모방이 되지 말고 자신의 첫 번째 모습이 되어라.

—주디 갈런드—

첫인상은 누구도 두 번 줄 수 없으나 첫인상의 위력은 막강하다. 첫인상에서 상대의 이미지가 어떤 식으로든 인식이 되면 계속해서 강력한 영향력을 행사하게 된다. 이후의 관계형성이 어떻게 진행될 것인가 하는 것의 열쇠가 바로 첫인상이다.

첫인상이 중요한 이유를 심리학적으로 알아보면 우선 일관성 오류라는 이론이 있는데, 이 이론에 의하면 사람들은 한 번 판단을 내리면 상황이 달라져도 그 판단을 지속하려는 욕구를 가지고 있다.

기질면접은 첫인상의 오류를 방지하기 위하여 보편타당한 TOOL을 통해서 객관적으로 면접자 전원의 합의된 의견으로 결론을 도출함으로써 오류를 줄이고 합리적인 결론을 도출할 수 있다.

첫인상 체크 포인트

1. 자신의 일에 자부심을 가지고 있는가?

2. 높은 자존감을 지니고 있는가?

자존감이란 '자신에 대한 평가로서 개인 스스로가 자신의 능력, 중요성, 성공 가능성, 그리고 가치에 대해 믿는 정도'를 의미한다. 타인에게 좋은 이미지를 주기 위해서는 자기 자신을 긍정적으로 평가하고 자신에 대해 호의적인 감정을 가질 필요가 있기 때문이다.

자존감이 높은 사람이 낮은 사람보다 다른 사람에게 잘 보이려는 욕구가 더 강하기 때문에 타인에게 긍정적인 자기표현을 하려는 동기를 더 많이 갖게 된다.

3. 자신의 메시지를 전달하는가?

높은 자존감이 준비되었다면 그 다음은 상대와 상호작용을 통해서 상대에게 분명한 메시지를 전달해야 한다.

4. 준비된 이미지로 무장했는가?

우리가 원하든 원하지 않든 현재는 외모 경쟁시대다. 메이크업을 하지 않고 단정한 머리 스타일을 가꾸지 않는 여성은 게으르거나 무능한 사람이다. 남성은 말끔한 면도와 깨끗하게 다림질된 정장을 입어야 한다.

5. 응시자의 얼굴을 통해서 정보를 획득하라

우리는 얼굴 표정에서 그 사람의 현재 상태를 다 읽을 수 있다. 현재 어떤 문제가 있거나 상황이 나쁜 사람들은 표정이 어둡거나 잘 웃지 않는다. 내향적인 사람들은 웃을 때 얼굴 근육을 많이 사용하지 않는다. 그래서 웃고 있어도 밝고 환한 표정으로 보이지 않는다.

1) 눈이 마주치면 가장 편안하고 친근한 미소로 웃고 있는가?
2) 얼굴의 좌우 균형이 맞는가?
3) 얼굴이 상중하 간의 균형이 맞는가?
4) 얼굴이나 신체에서 특별히 크거나 작은 부분은?
5) 얼굴색은 밝은가, 어두운가?
6) 시선을 맞추고 눈으로 대화하는가?
7) 보디랭귀지와 핸드제스처를 읽어라
8) 긍정적 또는 부정적 언어에 대한 언어습관을 읽어라
9) 여유 있게 자신감이 있는지 읽어라

10) 대화 중 상대의 말을 경청하는가?

사람들은 모두 각자가 개성적인 존재라는 것을 인정하고 상대방의 입장에 서서 상대방의 사고방식을 이해하도록 해야 한다. 이것은 남을 동정하거나 관대해지고자 하는, 감정을 베푸는 차원의 이야기는 아니다. 상대방과 한 몸이 되어 느끼는 공감의 문제이다.

상대방의 입장에 서 본다는 것은 자기 자신도 객관적으로 관찰할 수 있는 기회가 된다. 미국의 루즈벨트 대통령은 그 어느 누구에 대해서도 그 사람에게 어울리는 화제를 가지고 대한 것으로 유명하다. 그의 박식함은 끊임없는 노력의 결과물이다.

사람은 자기가 관심을 가지고 있는 일, 흥미를 느끼고 있는 것을 화제로 삼고 싶어 한다. 그것을 아는 것이 사람의 마음을 파악하는 가장 가까운 길이라는 점을 루즈벨트는 잘 알고 실천했던 것이다.

또한 대부분의 사람들은 한마디의 말을 듣는 것보다 침묵에 의해 더 많은 것을 알아차린다. 특히 대화 도중의 침묵은 상대의 관심을 집중시키는 효과가 있다. 효과를 염두에 두지 않고 이야기하는 것이라면 별 문제가 없겠지만 어떠한 대화라도 최소한의 효과를 기대하고 시작하는 것임에 틀림없다.

대화가 계속 진행되지 않는다는 것이 대화의 중단을 의미하는 것은 아니다. 적절한 호흡을 두고 침묵한다는 것이다. 상대가 이쪽에 흥미를 느끼지 못한다거나 처음부터 무관심한 태도를 취하면 대화를 시작하자마자 침묵을 이용하는 방법이 효과가 있다. 누구나 상대와 마주 앉으면 이야기가 시작될 것으로 믿게 되는데, 이야기를 시작할 것이라는 평범한 습관 때문에 처음부터 주의가 모아지지 않을 수 있다.

기업은 사람이다

기업은 사람이다. 기업(企業)은 문자 그대로 업(業)을 기획(企劃)하는 곳이다. 그런데 세상의 많은 사람들은 사람이 기업을 경영한다는 이 소박한 원리를 잊고 있는 것 같다.

이병철 회장은 1980년 7월 3일 전경련 강연에서 "나는 내 일생을 통해서 한 80%는 인재를 모으고 기르고 육성시키는 데 시간을 보냈다"라고 말했으며 잭 웰치 회장도 자신의 시간 중 75%를 사람과 관련된 일에 투자했다고 고백하고 있다. 오늘날 삼성이나 GE의 성공은 바로 이와 같은 인재제일경영의 자연스러운 결과라 볼 수 있다. 기업에서 가장 중요한 자원 중 하나인 최고경영자의 시간과 관심을 역시 가장 중요한 자원인 인재선발과 양성에 집중 투자하는 것은 당연한 일이지만, 제대로 실행하는 기업이 많지 않다.

기업경영에서 가장 중요한 요소는 자기 회사에 가장 적합한 인재를 확보해야 하는데 일부 중소기업에서 대기업 또는 모범사례 기업의 인재형태만을 고집하는 경우가 있다. 이는 참으로 잘못된 생각이다. 대기업의 인재는 주 업무가 관리업무이나 중소기업의 주 업무는 실제로 행동해야 하는 업무가 주를 이루고 있다. 자기 회사의 업무에 맞지 않는 고급인재를 선호하고 있는 것이다.

외국어를 전 직원이 다 잘하면 좋지만 최소한 외국어가 필요한 부서의 인원만이라도 능숙하게 할 수 있다면 업무를 진행하는 데 전혀 지장이 없으며 생산을 주종으로 하는 기업이라면 기술개발이나 생산

기술에 관계된 인재가 필요하며 영업에 관련된 인재가 추가로 필요할 것이다.

초과능력의 인재를 쓰면 자사를 우습게보고 열심히 일을 하지 않음은 물론 열심히 일하려는 인재까지 기를 죽이고 조직 전체를 우울하게 만들 수 있다.인건비 또한 초과 지출하는 결과를 초래할 뿐 아니라 기업 내에 기업을 망치는 바이러스를 유포하여 짧은 시간에 기업 전체를 병들게 하는 가장 나쁜 인사관리를 초래하게 된다.

제 2 장

기질면접 절차

제2장 기질면접 절차

기질면접

기질면접이란 저자가 40여 년간 동양학을 수학하면서 임상을 통해 체화된 이론과 경험 그리고 오랜 세월 경영컨설팅(인사, 조직, 성과관리)을 수행하면서 현장에서 얻은 경험을 바탕으로 모든 조건이 열악한 중소기업의 입장에서 인재의 중요성을 인식하고 혈액형 연구의 대가인 일본인 노미 도시타카(能見正比古) 씨의 혈액형 연구도서, 이제마 선생의 사상체질론, 인상학, 역량면접 등의 연구결과를 바탕으로 창안한 새로운 한국적 면접법이다.

기질면접의 프로세스

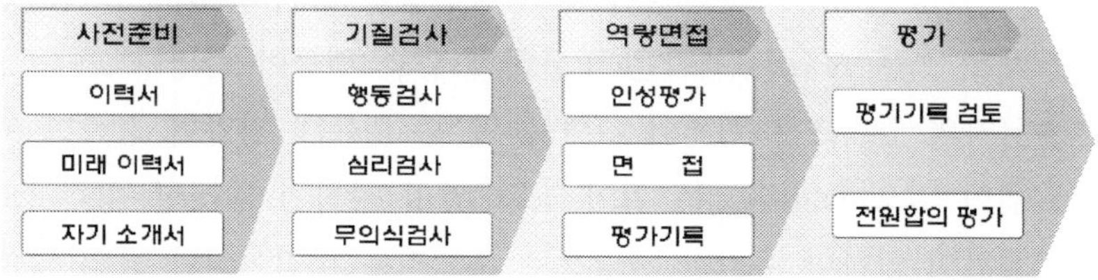

1단계: 사전준비 단계

1) 이력서

이력서는 반드시 자필로 쓰며 빈 난이 없도록 한다.

평가자는 이력서를 통해서 필체를 확인한다. 인터넷 시대에 친필이력서를 받는 것이 불편할 수도 있으나 필체에 내포된 정보가 다른 어떤 방법보다 더 중요하고 정확하기 때문에 어려움을 극복하고 반드시 자필 이력서를 받아서 이력서에 내포된 정보를 분석해야 한다

- 글자의 크기를 통해서 외향적인지 내향적인지를 판단할 수 있는데 글자가 크면 자기 현시욕이 강하고 생각과 행동이 역동적이며, 글씨가 작으면 내향적으로 침착하고 꼼꼼한 사람이다.
- 글자의 형태가 둥글둥글하면 성격이 대체로 원만하고 합리적이며 글씨가 모지고 각이 지면 성격이 강하거나 모난 사람이다.
- 필체에 개성이 있는 사람은 말과 행동에 일관성이 있으며 필체가 들쑥날쑥하면 일관성이 낮고 양면성을 가지고 있으며 이탤릭체로 쓰는 사람은 생각은 활달하나 말과 행동이 가볍다.
- 글자의 압력으로 성격의 강약을 알 수 있는데 필압이 강하면 고집이 있으며 내리긋는 획이 곧고 압이 강하면 강직한 성격이고 필압이 약하면 유약한 사람으로 부드러운 성격이지만 남의 말에 쉽게 동요한다.
- 글자의 레이아웃으로 적극적인지 소극적인지를 알 수 있으며 글

자가 위로 올라가거나 글자의 행이 위로 올라가는 스타일은 역동적이고 도전적인 기질이며 아래로 내려가는 사람은 소극적이거나 수동적인 성격이다.

2) 미래 이력서

미래 이력서를 통해서 응시자 인생의 목표, 합리성, 실현가능성에 대한 타당성 검사를 통해 자사와의 적합성(궁합), 인물의 크기, 비전 등을 파악할 수 있다.

3) 자기 소개서

지금까지 자기 소개서는 개인의 성장과정에 대한 아주 소극적인 정보만을 획득할 수 있었지만 기질면접에서는 자기소개서를 통해서 유소년기의 모습을 바탕으로 청년기의 활동을 예측할 수 있는 Tool을 통해 원래의 모습의 변화 정도를 추측하고 입사 후의 활동을 예측할 수 있다.

2단계: 기질검사 단계

기질검사는 무의식 수준검사, 심리검사, 행동검사를 통해서 본래의 기질과 교육/훈련을 통해 향상된 현재 모습과 미래 모습을 예측할 수 있으며 본인의 적성 분야를 밝혀 낼 수 있다. 현재는 입사를 위해서 좋은 적성으로 조작 또는 변질된 검사지를 작성할 수 있었지만 기질검사에서는 변질이나 조작이 거의 불가능하다.

1) 무의식 · 의식 수준검사

이력서에 기재된 혈액형을 바탕으로 표준 혈액형별 기질을 분류한 후 무의식 · 의식 검사지로 검사를 실시하며 영구불변의 개인별 기질로 재분류하여 A형, B형, AB형, O형으로 기질을 분류한다.

2) 심리검사

심리검사를 통해서 잠재된 의식수준을 파악한다.

3) 행동검사

행동검사를 통해서 변화된 미래지향적 기질을 파악한다.

3단계: 역량면접 단계

역량면접은 1:3 면접(지원자:면접관)을 실시하는데 1명의 면접관, 1명의 인성평가자, 1명의 관리자로 편성한다.

① 면접관: 면접관은 면접을 진행한다.
② 인성평가자: 인성평가 시트의 항목에 지원자의 상태를 체크하며 면접의 주요내용을 응시자가 불안해하지 않는 범위에서 요점만 기록한다.
③ 관리자: 관리자는 면접과정 전체를 관리하며 오류가 있는지를 점검한다.

4단계: 평가 단계

평가 단계에서는 면접에 참여한 3명이 인성평가 시트, 면접평가 시트, 면접기록물을 대조 확인하면서 협의하여 최종 평가를 한다.

제 3 장

기질특성

제3장 기질특성

타고난 성격으로 승부하라

사람은 태어날 때 작든 크든 재능을 타고났다. 타고난 재능을 능력으로 발전시키면 성공할 수 있다. 평가자가 응시자의 숨겨진 능력을 발견하여 회사나 조직에 활용할 때 인재는 더욱 빛을 발하고 조직은 탁월한 능력을 발휘할 수 있다.

기질심리

DISC는 인간의 행동유형만을 진단하는 데 반하여, 기질심리진단은 인간의 행동심리(15%) 외에 심층의식심리(25%), 무의식심리(60%)를 중심으로 진단할 수 있어서 사람의 진면목을 진단할 수 있다.

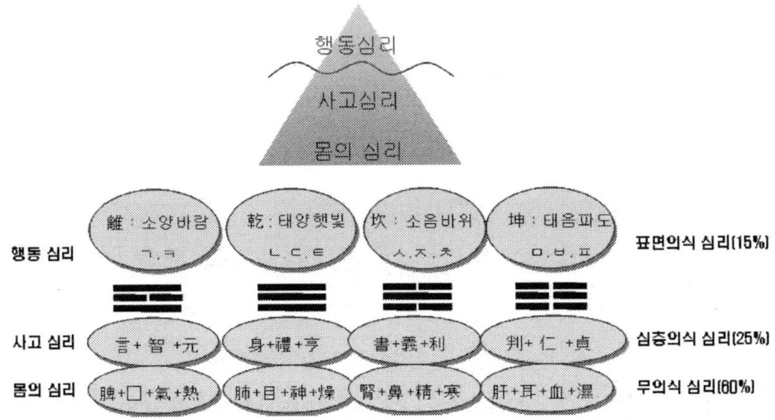

자료출처: 류종형 사상체질 심리학

성격을 알면 성공이 보인다

성격 분석의 목적은 우리의 기질이 어떤 형태인가를 파악하고 우리의 잠재적 능력개발과 약점들을 극복하기 위해서 성격 분석을 연구한 결과 우리는 기본적인 기질(temperament)을 갖고 있다. 이 기질은 강한 면과 약한 면을 모두 갖고 있다.

BC 400여 년경에 유명한 희랍의 의사이고 철학자인 히포크라테스가 사람의 기질에는 네 가지의 근본적인 형태가 있다는 학설을 발표한 것으로 보면 인간은 오래전부터 기질의 형태를 발견하고 활용한 것으로 추정할 수 있다.

① 기질(temperament)은 잠재적으로 작용하는 타고난 기질을 의미하며, 유전학적으로 국민성, 인종, 성별, 그 외 어떤 유전적인 요인에 의해 형성되며 타고난 성품의 결합체이다.

② 성격(character)은 그 사람의 진정한 모습, 유소년기의 교육, 훈련, 근본적 태도, 신앙, 원칙 등에 의해 형성되며 지, 정, 의, 세 가지로 구성되며 닦이고 훈련된 기질이다.

③ 인격(personality)은 우리들 자신의 외적 표현으로 우리의 성격과는 일치할 수도 않을 수도 있으며 우리들 자신의 외적 표현에 나타나는 태도이다.

1) 기질의 분류 및 특성

기질별	체 형	직업인
O 형	• 잘생기고 시원한 외모 • 보통 체격	• 활발한 성격으로 급함 • 영업사원, 가수, 인기강사,
B 형	• 남자다운 체격 • 눈빛이 세고 강해 보임	• 급하고 독선적 성격 • 사업가, 군인, 경찰관, 정치가
A 형	• 마르고 차가운 느낌 • 보통 체격	• 소심하고 생각이 많다 • 학자, 직장인, 판검사, 의사
AB 형	• 살이 찌고 조금 차가운 외모 • 허리와 배가 발달	• 여유 있고 안정되어 보임 • 예술가, 시인, 상담자, 봉사자

2) O형

① 체 형

가슴과 흉곽 부위가 발달하여 어깨가 넓고 크며 엉덩이가 작아서 역삼각형 체형으로 허리가 약한 편으로 걸을 때 상체가 흔들리면서 안정감이 없고 가벼워 보인다. 걸음걸이는 대체로 빠른 사람이 많다. 외형으로 보아서 직선적이고 날카로워 보인다.

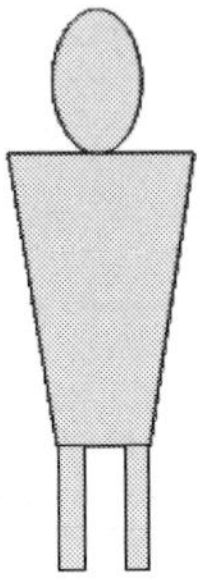

O형

② **얼 굴**

얼굴은 역삼각형의 형태로 머리는 크지만 턱은 뾰쪽한 경우가 많고 눈매는 날카롭고 눈초리가 위로 올라가 있으며 입은 크지 않고 입술이 얇으며 머리가 앞뒤로 나온 사람이 많다.

③ **언 행**

언행에 재치가 있고 직설적인 면이 있어 타인에게 경솔하게 보일 수 있으므로 아래와 같이 대화를 풀어간다.

- 먼저 대화를 할 수 있는 분위기를 제공한다.
- 열정적으로 인정하며 동기부여 한다.
- 꿈에 대한 비전을 수시로 상기시켜 준다.
- 너무 논리적으로 꼼꼼히 접근하지 않는다.
- 사교적 환경(재미있는 환경)으로 접근한다.

④ **심성구분**

O형은 창의력이 뛰어나 새로운 아이디어를 많이 만들어 내며, 마음이 강직하고 열성적이고 솔직 담백하고, 일을 할 때에 이해와 타산을 따지지 않으며, 남을 위하는 봉사정신이 강하다. 반면에 여러 가지 일을 한꺼번에 벌려놓고 마무리를 하지 못하며, 가정이

나 개인 일은 등한시하고, 실질적인 면보다 남에게 과시하고 장식하는 것을 좋아하며, 너무 직선적으로 표현하는 관계로 상대방의 마음을 상하게 하며, 남들에게 경솔하다는 말을 많이 들으며, 감정의 변화가 심한 면이 있다.

⑤ O형의 상세구분

O형 기질이지만 내부에 포함된 기질에 따라 세분하면

- 내부에 O형 인자가 많으면: 만남을 즐기는 사교가
- 내부에 B형 인자가 많으면: 관계 지향형 친선 도모자
- 내부에 A형 인자가 많으면: 말로 다 하는 협력자
- 내부에 AB형 인자가 많으면: 불꽃처럼 사는 열정가

■ O형의 기질이 부족하게 되는 경우는 유소년기에 성장하면서 사랑이 부족하거나, 억압을 받거나, 교육이나 훈련을 통해서 과도하게 억제되면 매사를 즐기지 못하고 시작을 잘 못 하는 경우가 있다.

⑥ O형의 장점

■ 무엇인가에 재미만 붙이면 일을 매우 잘해 내는 특성이 있음.
■ 연예인처럼 약간 화려함을 추구한다.
■ 이상적인 꿈을 꾸며 낭만적인 면이 많다.
■ 무엇인가를 시작하는 데 주저함이 없이 시원하게 잘해 나간다.

⑦ O형의 단점

- 말이 너무 앞서서 용두사미형으로 보여 타인의 신뢰를 잃어버릴 수도 있다
- 매사를 수박 겉핥기식으로 하는 경향 때문에 문제를 끝까지 해결하지 못할 수도 있다
- 너무 창의적이다 보니 현 문제에 대한 분석에서 많은 실수를 초래한다.
- 너무 발산하는 성향이라서 타인의 감정을 이해하지 못하는 경향이 있다.

⑧ O형의 자기관리

장점활용	집안과 조직의 동기부여자가 되자 세상을 살리는 빛과 소금의 언어를 쓰자 유머 감각으로 세상을 밝게 만들자 팀에 활력소를 제공하자 열정으로 주위 사람들을 격려하자 사교성으로 조직 갈등을 잘 해결하자 긍정적인 마인드를 타인에게 전파하자 활달한 언변으로 다양한 모임을 이끌자
단점보완	현실을 직시하고 인내심을 기르자 마무리를 신경 쓰고 진지함을 유지하자 감정이 격해질 때 신중하고 냉정해지자 차분하게 행동하고 한 번 더 생각하자 현실을 직시하고 이기심을 버리자 타인에 대한 이해와 상대방을 배려하자 말조심을 하자 먼 훗날을 생각하며 행동하자

⑨ O형의 욕구

O형은 지혜로운 사람으로 지(智)를 갖추어야 한다. 명석하고 머리 회전이 빠르고 남들이 잘 생각하지 못하는 일을 꾸미거나 실천하는 데 탁월하다. 일상생활에서 충분히 이해하고 이야기하는 것 같지만 깊이 없이 가볍게 생각하고 말을 하거나 남들을 어리석게 보아 남을 속이는 행동을 하기도 하는데 이렇게 속이는 행동을 계속하면 결국 가벼운 사람(薄人: 경박한 사람)이 된다.

⑩ 추구하는 경향

O형은 인기(명예)를 추구하는 경향이 있다.

⑪ O형 특성표

구 분	특 성	비 고
• 파 형	감성파	
• 외 모	따스하다 / 둥글둥글	인맥관리 잘한다
	표정관리를 잘한다	이미지관리가 생명
	내가 어떻게 보이는가?	
• 표 정	타인을 고려하여 행동	
• 특 징	분위기를 먼저 따진다.	
• 분위기	감성이 발달	가슴이 아파~
• 말 씨	변화 있는 톤	속상해 죽겠어
언어적 표현	부담 없이 전달	
음성적 표현	재치 있고 극적 표현	
시각적 표현	스킨십과 제스처를 다양하게 활용	
• 행 동	명함을 돌리고 아는 사람 찾는다.	
• 의 상	필이 중요	
• 집 단	여성, 예술계	

3) B형

① 체 형

기(氣)가 상체로 많이 올라가므로 머리와 목덜미 부위가 발달한 사람과 그렇지 않은 사람으로 구분할 수 있다. 허리 부위가 상대적으로 가늘고 약하며 오래 서 있거나 걷기가 힘들다.

② 얼 굴

얼굴의 형은 보통이며 날카로워 남을 받아들이는 듯하고 눈에 광채가 있다.

③ 언 행

강력한 어조로 단적으로 표현하므로 아래와 같이 대화를 풀어간다.

- 빠르게 응대하는 것이 중요하며 결론을 말한다.
- 최고의 대우를 해주며 늘 최고가 될 수 있다고 동기부여 한다.
- 현실적인 사실에 관한 예를 많이 든다.
- 중요한 말은 자신이 할 수 있도록 유도한다.
- 단기적인 지도 방법으로 접근한다.

④ 심성구분

B형은 보통 사람이 생각하는 것을 뛰어넘는 비범한 사람이 많아서 소통성이 있고, 무슨 일이나 막힘없이 시원스럽게 처리하고, 남성적인 면이 많고 여성적인 면이 적으며, 항상 나아가려고 하며 물러서려고 하지 않으려는 강력한 추진력을 가진 지도자 타입. 반

면에 지나치게 거침없이 행동하고, 급진적이고, 영웅심이 많고, 남을 무시하는 안하무인격인 경향이 있다. 방종하고 제멋대로 행동하는 사람은 사회에 적응을 못하기도 한다.

⑤ **B형의 상세구분**

B형 기질이지만 내부에 포함된 기질에 따라 세분하면

- 내부에 O형 인자가 많으면: 재치 있는 행동형 활동가
- 내부에 B형 인자가 많으면: 대단한 사업가형 관료주의자
- 내부에 A형 인자가 많으면: 보통 보스형 지도자
- 내부에 AB형 인자가 많으면: 창의적인 혁신가

■ B형의 기질이 부족하게 되는 경우는 유소년기에 성장하면서 사랑이 부족하거나, 억압을 받거나, 교육이나 훈련을 통해서 과도하게 억제되면 현실적이지 못하고 자기주장을 못 한다.

⑥ **B형의 장점**

■ 단순, 과감, 때로는 무식하게 활동한다.

■ 한 번에 모든 것을 해결하는 시원한 성격이다.

■ 생각하면 행동으로 옮기는 데 신속성이 보인다.

■ 갑자기 다혈질로 사람을 놀라게 하지만 뒤끝이 전혀 없는 것이 특성임.

⑦ **B형의 단점**

■ 세상을 마음대로 조정하려는 욕구로 인해서 자신 스스로 화가 남

- 의견 대립 시 반드시 이겨야 한다는 생각 때문에 타인과 대화가 잘 이루어지지 않을 때가 있다
- 일을 너무 빨리 재촉해서 타인을 혼란에 빠트리게 할 수도 있다.
- 너무 단순화시키므로 세밀한 부분에서 실수가 많다.

⑧ B형의 자기관리

장점활용	카리스마를 살려서 세상의 선도자가 되자 두뇌를 활용하여 조직의 성과를 높이자 리더십을 발휘하여 조직의 갈등을 해결 사명감과 책임감으로 세상을 살리자 자기계발에 노력하자 위기는 타고난 자신감으로 극복하자 열정의 가슴을 타인들을 위해서 쓰자 모든 이에게 모범을 보이자
단점보완	경청하는 자세와 타인에 대해 배려하자 극도의 흥분과 욱하는 성격 고치기 남의 의견을 수렴하고 한 번 더 생각하자 한 번 더 생각하자(한 번에 끝을 보지 말자) 남의 입장에서 생각하고 자신을 낮추자 과정을 소중히 여기고 마무리를 잘하자 돈보다 정신의 소중함을 알자 화가 나더라도 폭력(?)을 쓰지 말자

⑨ B형의 욕구

B형은 예의바른 사람으로 예(禮)를 지켜야 한다. 기가 강하다 보니 모든 행동에서 저돌성이 두드러진다. 자신의 능력을 너무 믿은 나머지 남을 무시하고 업신여기는 행동도 하게 되는데 예의가 없

는 방종한 생활을 지속하다 보면 결국 천한 사람(비인－鄙人)이 된다.

⑩ **추구하는 경향**

B형은 권력을 추구하는 경향이 있다.

⑪ **B형 특성표**

구 분	특 성	비 고
• 파 형	감각파	
• 외 모	뜨겁다 / 근육질	강하다는 것을 보여
• 표 정	의지와 열정	장유유서를 지킴
• 특 징	자신의 힘으로 산다 / 배짱	
	겉보다 양이 중요	
	생각보다 행동이 먼저	
• 분 위기	대체로 우락부락	
• 말 씨	강력하고 큰소리	환장하겠네!
언어적 표현	한마디로 전달	
음성적 표현	강력한 어조로 단적으로 표현	
시각적 표현	눈을 강하게 쳐다보는 경향 있음	
• 행 동	결론이 뭐야 / 단도직입적	
• 의 상	행동이 중요	
• 집 단	남성, 체육계, 건설업계	

4) A형

① **체 형**

엉덩이 부위가 크고 가슴이 좁고 빈약한 편이며 안정감이 있고 차분한 편이다. 체구는 대체로 작고 전반적으로 몸이 마른 사람도 있으며, 간혹 키가 큰 사람도 있으나 대체로 몸이 마르고 소화기능이 약하다.

A형

② **얼 굴**

얼굴의 형은 작고 이목구비도 작으며 오밀조밀하고 단정하며 야무져 보이고 동양적인 미인들이 많다.

③ **언 행**

작은 소리로 조용조용히 단조롭게 표현하므로 아래와 같이 대화를 풀어나간다.

- 원칙과 논리를 갖추어서 의사를 전달한다.
- 충분한 시간을 두고 서서히 말을 시작한다.
- 전체적인 일관성을 가지고 서서히 대화한다.
- 항상 근거자료를 가지고 대화를 시작한다.
- 중장기적인 지도방법으로 접근한다.

④ **심성구분**

A형은 모든 일에 정확하고 예의에 벗어나는 일을 하지 않는 원칙론적인 체질로 매사에 치밀하고 꼼꼼하며, 단정하고 야무지며, 가

까운 사람끼리 무리를 잘 조직하고 모으며, 모든 일을 세밀하게 분별해 내며, 여성적인 면이 많고, 온순하고 다정다감하며, 잔재주가 많으며 가정적이다. 반면에 편안하고 안일한 것을 좋아하고, 남성적인 적극적이고 활동적인 면이 적으며, 한 번 상처를 받거나 기분 나쁜 것이 잊혀지지 않아 정신적 스트레스를 많이 받으며, 개인주의나 이기주의가 강하고, 남의 간섭을 싫어하고 이해타산에 얽매이며, 사람에 따라 질투심이나 시기심이 많은 사람도 있다.

⑤ **A형의 상세구분**

A형 기질이지만 내부에 포함된 기질에 따라 세분하면

- 내부에 O형 인자가 많으면: 모르는 게 없는 장인
- 내부에 B형 인자가 많으면: 꼭 필요한 행정가
- 내부에 A형 인자가 많으면: 논리적인 이론가
- 내부에 AB형 인자가 많으면: 창의적인 학자

■ A형의 기질이 부족하게 되는 경우는 유소년기에 성장하면서 사랑이 부족하거나, 억압을 받거나, 교육이나 훈련을 통해서 과도하게 억제되면 체계적이지 못하고 인내심이 약하다.

⑥ **A형의 장점**

■ 일에 완벽성이 있어서 타인의 신임을 쉽게 얻을 수 있음
■ 너무 침착한 나머지 실수가 없음
■ 뛰어난 현실주의자, 실리주의자
■ 한 번 목표를 삼으면 끝을 보는 인내심이 있다.

⑦ **A형의 단점**

- 자기표현이 부족해서 남이 자신을 알아주지 않아서 상처를 받기 쉽다.
- 너무 자존심을 세워서 언제나 혼자 남아 외로움을 당할 수도 있다.
- 너무 완벽주의자라서 스트레스로 인한 질병과 타인의 부담을 살수도 있다.
- 매사에 분석적이라서 인간미가 부족하다는 소리를 들을 수 있다.

⑧ **A형의 자기관리**

장점활용	논리력을 살려 대학자의 꿈을 실현하자 세상에 업적을 남기고 세상을 떠나자 생각이 세상을 살린다는 것을 잊지 말자 과거생활을 내 성장의 씨앗으로 삼자 열심이 살아온 삶이라고 동기부여 하자 나의 웅지를 세상에 펼치자
단점보완	과감한 실천, 결단력, 자기표현력을 기르자 타인의 도움이 필요할 때 망설이지 말자 생각보다 행동으로 단순하게 살자 적극적인 사고와 낙천적인 사고를 기르자 타인에게 친근감 있게 대응하자 개방적으로 생활하자(삐치지 말자) 정리 그만하고 과거에 집착하지 말자 속상한 것 있으면 말하고 때론 화도 내자

⑨ **A형의 욕구**

A형은 의로운 사람으로 의(義)를 지켜야 한다. 정확하고 꼼꼼하고

모든 일을 완벽하게 처리하며 그렇게 해야 마음이 편하고 다정다감하고 남에게 싫은 소리를 안 하며 가까운 몇몇 사람하고만 친하게 지낸다. 너무 자신과 가까운 사람만 대하다 보면 편안한 생활만 하기를 원하게 되는데 안일한 생활을 지속하면 결국 나약한 사람(나인－懦人)이 된다.

⑩ 추구하는 경향

A형은 직위를 추구하는 경향이 있다.

⑪ A형 특성표

구 분	특 성	비 고
• 파 형	사색파	
• 외 모	차갑다. 냉철하다	골치 아프다
• 표 정	무표정	머리가 흔들린다.
• 특 징	정보와 아이디어	
	근거가 뭐냐?	
	증빙과 근거자료	
• 분위기	머리가 발달	에너지를 아낀다.
• 말 씨	똑같은 톤	
언어적 표현	사실적으로 전달	
음성적 표현	작은 소리로 단조롭게 표현	
시각적 표현	무표정한 얼굴을 계속 유지함	
• 행 동	되도록 직접 하지 않는다.	
• 의 상	추위를 막는 정도의 관심	
• 집 단	대학교수 집단	

5) AB형

① **체 형**

허리 부위가 굵고 목덜미가 가늘지만 다른 기질에 비하면 체구가 크고 기골이 장대하며 뚱뚱하고 건장한 사람이 많고 뼈대도 굵은 경우가 많다.

② **얼 굴**

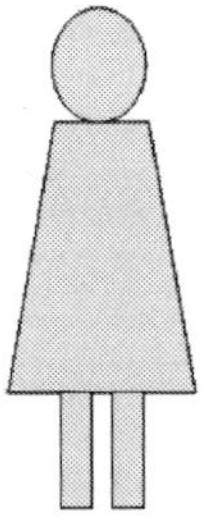

AB형

얼굴의 형은 전체적으로 둥글며 크고 얼굴의 윤곽이 뚜렷하고 이목구비가 크고 선명하며 피부도 거칠며 피부의 땀구멍이 보이는 경우가 많다.

③ **언 행**

여성적 음성으로 차분하게 말하므로 아래와 같이 대화를 풀어나간다.

- 그들에 대한 믿음과 세심한 부분까지 고려한다.
- 개인적 관심(집안일)을 표현하여 말을 시작한다.
- 감성적인 대화와 좋은 관계로서 접근을 시도한다.
- 그들만의 삶의 철학을 인정해 주고 공감해 준다.
- 언어 이면에 깔린 암시적인 뜻에 주의한다.

④ **심성구분**

AB형은 사회생활을 하는 데 가장 적응을 잘하는 기질로 일단 시작한 일을 끝까지 성취시키는 성취력이 있고, 무슨 일이든 꾸준하게 하고, 일정한 곳에 오래 참고 견디는 데 능하며, 모든 일을 넓게 생각하고 이해해 버리며, 행동이 점잖고 의젓하며 속마음을 쉽게 표현하지 않고, 매사를 신중하게 생각하여 믿음직스럽다. 반면에 겁이 많아서 일을 하기 전에 포기하고, 게으른 면이 있고, 많이 움직이려 하지 않으며, 개인적인 일에 관심은 많으나 외부의 일은 등한시하며, 보수적이고 욕심이 많으며, 자기 것에 대한 애착이 강하며, 변화를 싫어하며, 사람에 따라 음탕한 면이 있고, 운동보다는 도박을 좋아 하는 사람도 있다.

⑤ AB형의 상세구분

AB형 기질이지만 내부에 포함된 기질에 따라 세분하면

- 내부에 O형 인자가 많으면: 성인군자형 예술가
- 내부에 B형 인자가 많으면: 보스형 보호자
- 내부에 A형 인자가 많으면: 점쟁이형 작가
- 내부에 AB형 인자가 많으면: 열정을 가진 철학자

▪ AB형의 기질이 부족하게 되는 경우는 유소년기에 성장하면서 사랑이 부족하거나, 억압을 받거나, 교육이나 훈련을 통해서 과도하게 억제되면 인정이 없고 감성이 부족하다.

⑥ AB형의 장점

▪ 세속에 욕심이 없어서 이상주의자라는 소리도 가끔 들을 수 있다.
▪ 타인을 돕는 일을 기뻐하며 지원적이다.
▪ 타인이 상처 받지 않도록 애쓰는 어머니형이다.

- 항상 일에 있어서 다음을 걱정하는 생각과 사려가 깊고 안정적인 성실성이 있다.

⑦ AB형의 단점

- 현실의 이익보다 너무 멀고 큰 목표를 가짐으로 인해서 현실성이 결여 될 수도 있다.
- 자신의 마음에 들지 않아도 수용해서 홀로 많이 고민하므로 시간적으로 손해를 볼 수도 있다.
- 너무 사람들과 좋은 관계만 유지하려는 경향으로 인해서 일이 진행되지 않을 때가 있다.
- 지나치게 수용적이어서 타인에게 이용당해 마음이 상할 수 있다.

⑧ AB형의 자기관리

장점활용	세상을 밝히며 넓은 희망을 늘 간직하자 감성분야에서 나 자신의 업적을 남기자 이제는 무엇인가를 창조해 보자 유연성과 사랑이 세상을 아름답게 한다
단점보완	결단력과 추진력으로 때론 단순해지자 감정 표현 방법을 개발하자 대화에 적극 참여하고 만나서 해결하자 혼자 있는 시간을 줄이자 너무 초월하거나 해탈하려고 하지 말자 방황은 피하고 논리적으로 사고하자

⑨ **AB형의 욕구**

AB형은 인자한 사람으로 인(仁)을 쌓아야 한다. 자신이 무엇을 하겠다고 마음먹으면 끝까지 이루어내는 끈기가 있는데 듬직하고 믿음직스럽고 열심히 하지만 일－돈－음식에 대한 욕심 등이 지나쳐서 지속적으로 탐욕스러운 생활을 하면 결국 탐인(貪人)이 된다.

⑩ **추구하는 경향**

AB형은 재물을 추구하는 경향이 있다

⑪ **AB형 특성표**

구 분	특 성	비 고
• 파 형	이성파	
• 외 모	안정돼 보임 / 뚱뚱함	
• 표 정	여유 있어 보이나 겁이 많음	
• 특 징	욕심이 없음 / 인내심	애정이 많음
	겉보다 속이 중요	가까운 사람과 친밀
	안정적인 삶을 지향	
• 분위기	둥글둥글	
• 말 씨	차분하게 말함	
언어적 표현	암시적 전달	
음성적 표현	여성적 음성표현	
시각적 표현	자유롭고 느린 동작으로 표현	
• 행 동	소심한 편 / 차근차근하게	
• 의 상	튀지 않는 의상	
• 집 단	예술계, 시인, 봉사자, 상담자	

심층심리 분석

구 분	O형	B형	A형	AB형
강 점	말재주	책임감	정확성	용 서
약 점	건망증	급한 성격	스트레스	타인을 배려
직 업	가 수	사업가	공무원	종교인
의사결정	흘러가는 데로	중요 순으로	상황에 맞게	서로 만족하게
우선권	다양한 관계	일의 성과	일의 순서	좋은 관계
복 장	신세대적	간편복	전통적	수수하게
근무환경	정리 못 함	성과지향적	정리 잘함	감성지향적
동기요인	인 정	최 고	칭 찬	참 여

발전적인 변화상

- 역행해서 그들의 나쁜 특성이 그대로 나타나고 순행해서 그들의 좋은 특성도 그대로 나타난다. 그래서 성공적인 자기관리 방법은 내 기질에서 순행하여 앞 기질의 좋은 특성을 배우고 체화하여 순행하도록 노력하는 것이 중요하다.
- 몸이 기운과 행동이나 심리가 앞으로 나오면 현재 몇 년 동안 좋은 상태, 즉 올바른 자기관리를 하고 있는 상태이며, 괜찮은 상태로 보지만 뒤로 나오면 몇 년 동안 무엇인가가 꼬인 상태로 매사가 원활하지 못하고 위축된 상태이다. 이때 중요한 의사결정을 한다면 오판할 가능성이 제일 높다.

■ 본래의 기질과 동일한 특성에 있는 경우는 현재 상태에 머물러 있는 상태로 보통인 상태로 본다. 자기발전을 위해서는 몸의 기운보다 사고나 행동을 앞으로 내보내서 결국은 전체적으로 균형 잡힌 상태로 발전하는 것이 핵심이다.

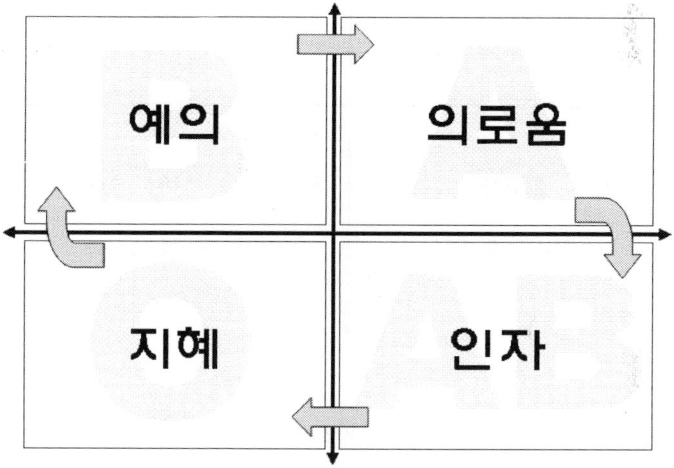

기질별 인생에서 가장 소중하게 여기는 것들

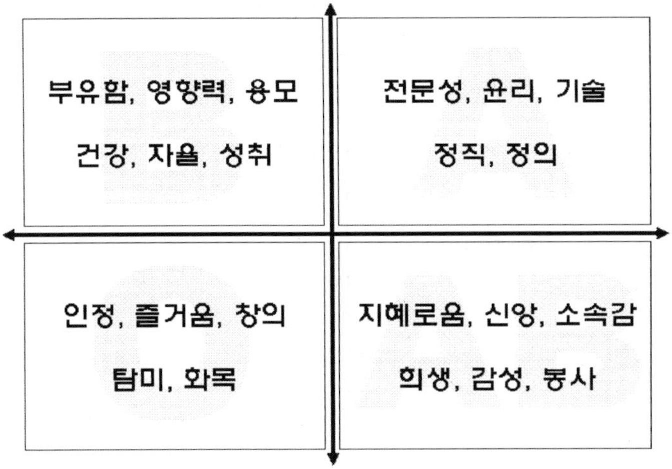

O형: 자기주장이 강하고 개성파로서 자신의 의견, 호불호, 과거의 경험 따위를 소중하게 여긴다. 그중에는 자연의 흐름에 거스르지 않고 욕망에 따른 삶을 스스로 받아들이는 지혜가 있다.

B형: 자신의 감정과 기분을 우선시한다. 새로운 행동에 대담하고 적극적으로 나서지만 그럴수록 지나친 의욕으로 인해 실패할 확률이 커진다. 타인의 간섭과 속박을 싫어하고 자유로운 생활을 원하다.

A형: 자존심이 강하고 항상 체면을 의식하기 때문에 일의 옳고 그름보다 체면에 얽매이는 경향이 많다. 출세를 하고 유명해지는 것을 이상으로 삼지만 대성하지 못하더라도 처음부터 끝

까지 변함없이 한결같은 삶이라면 나름대로 받아들인다.

AB형: 표면적으로는 매우 온화하고 대인관계가 무난하지만 내심으로는 위선과 배신을 혐오하는 결벽증이 있다. 눈앞의 일보다 사회봉사나 취미에서 보람을 발견하고 평온하고 안정된 사생활을 이상으로 여긴다.

기질별 이중성

인간의 성격은 다이내믹하게 유동적으로 변화하고 변화되는 것이라는 사실은 말할 나위 없고, 그 구조가 상상보다 훨씬 복잡다단한 것임을 이해해야 한다. 이중인격 정도는 오히려 단순한 사람이라고 할 수 있다.

극히 표면에 나타나는 표현을 소위 무슨 무슨 타입이라고 부르지만 이것은 간단한 조건이나 환경에 따라 얼마든지 바뀌므로 도저히 성격의 일부라고 할 수 없다.

O형 이중성

1) A면

- 로맨틱한 표현과 이상을 추구하는 시인기질
- 권력과 권위에 불복하는 것을 싫어하고 반발함
- 친해지면 숨김없는 개방성과 솔직함
- 자기방어 본능과 생존욕구가 강하고 개인주의적

- 일단 경쟁에 임하면 강인하고 격렬함

2) **B면**

- 이해득실을 계산하는 현실성과 생활력
- 자기주장과 자기현시가 강하고 독립심이 왕성
- 힘의 유무를 의식하고 좋은 상사나 부하가 될 기질이 풍부
- 가족과 집단을 위해서 자신을 희생
- 깨끗하게 승부를 인정하는 담백함과 포기

B형 이중성

1) **A면**

- 자기방식대로 행동하며 주위와 조화가 서툴음
- 의례적 빈말을 잘하고 사교성이 부족
- 상대의 감정에 쉽게 동화하며 눈물을 잘 흘리는 인간미
- 기분파로서 감정의 기복이 심하며 신속히 단행하는 결단력
- 다방면에 흥미를 가지며 경솔하게 실수함

2) **B면**

- 주위에서 소외되면 삐치고 소외감을 강하게 느낌
- 마음을 열고 거리 없이 누구와도 쉽게 친해짐
- 사고가 실용적, 산문적이고 객관성을 중시함
- 흥미를 유발하면 완전히 몰두
- 계획적인 것을 선호하고 현 상태 유지를 위한 우유부단한 행동력

A형 이중성

1) A면

- 상식을 중시하고 곤경을 피하지 않으며 자신을 억제함
- 주변과 협조를 잘하며 팀플레이를 존중
- 자존심이 강하고 나약함이나 어리광을 거부
- 새로운 일에 신중을 기함
- 끈질긴 정성, 치밀함, 감정억제 및 책임지는 자세

2) B면

- 현 상태를 탈출하려고 노력하며 과감한 폭발력을 지님
- 타인을 완전히 신뢰치 않으나 타인을 돕고자 하는 마음
- 혼자 노는 데 서툴며 어리광 부릴 상대를 찾음
- '나는 나', '너는 너'라는 식의 냉정한 자세
- 빨리 시작하고 흥미를 지속하지 못하면서 과감한 행동

AB형 이중성

1) A면

- 사회참여와 봉사정신이 투철
- 인간관계 조정에 뛰어나고 타인을 배려하며 친절
- 매우 합리적이고 비즈니스에 탁월함
- 타인에게 맞추는 조화형, 때로는 타협형
- 성실하고 꾸준한 노력파로 평화주의 간혹은 겁쟁이

2) B면

- 사생활을 지키기 위한 일관된 개인의 취미
- 타인과 항상 일정한 거리를 두는 냉정함과 개인주의
- 공상을 즐기며 비현실적, 동화적 소녀 취향적
- 위선을 거부하고 정의감이 있으나 때로는 싫증 잘 내고 제멋대로 변덕스러움
- 죽음에 대해 공포를 느끼지 않는다.

예를 들면

O형은 낭만성과 이해타산이 공존한다.

B형은 실용성, 실용주의와 전혀 엉뚱한 일에 관심과 인정미가 공존한다.

A형은 현실부정과 질서와 규칙을 존중하는 마음이 공존한다.

AB형은 합리주의와 현실 이탈 공상주의가 공존한다.

인간은 상반되는 다중 성향들의 모순에 동요하며 살아가는 존재이다. 이 다중성의 균형을 잃어버렸을 때 예견하기 어려운 인생의 함정에 빠지는 경우가 많다. 다중성의 일부는 마음 깊은 곳에 있어 본인조차 자각하지 못하고 있을 때가 있기 때문이다. 다중구조의 일부분을 깨달은 것이 프로이드의 잠재의식설이다.

인생의 예기치 못한 좌절, 사고, 실패, 낙오를 예방하기 위하여 자신의 성격과 내면에 감추어진 이중성, 삼중성의 기질을 가능한 많이 이해해 두는 것이 매우 중요하다.

성장과정과 기질의 형성

부모의 보호가 지나치거나 부족하면 유아들은 살아가기 위해 약자로서의 지혜와 계산 혹은 꾀를 발달시킨다. 유아에게 있어서 약자로서의 규율은 기질이 그대로 성격화되는 것을 방해한다.

기질이 인생의 여행계획에 미치는 영향은 대단히 크다. 뭐니 뭐니 해도 인생여행의 출발점이기 때문이다.

혈액형은 인간의 체질을 나누는 지표 혹은 분류기준으로 20세기 초 오스트리아의 의학자 카를 란트슈타이너가 혈액에서 발견했다고 혈액형이라는 이름이 붙여졌다. 혈액형은 혈액만의 분류가 아니라 근육과 내장조직은 물론 뼈, 손톱, 발톱, 머리카락 한 올에 이르기까지 전신에서 검출된다. 우리의 성격을 유지하는 주역인 뇌수와 신경조직에도 혈액형은 존재한다.

혈액형은 인체의 구성 재료 물질과 재질의 차이를 드러내는 것으로 체질의 차이임에 틀림없다. 대개 생물의 몸은 매우 균일한 재료물질로 만들어져 있는데 그중에서 구성 재질의 차이를 가리키는 물질이 현재로서는 혈액형 이외에 거의 발견이 안 되고 있다.

체질과 기질을 우리는 거의 유사한 개념으로 사용하고 있는데 이 둘은 하나의 몸에서 일어나고 있는 것으로 별개의 것이 아니다. 체질은 무의식적인 신체의 반응과 행동 현상으로 나타나고 기질은 의식적 반응 행동의 차이를 만드는 것이다.

다시 말해 체질과 기질은 한 인간이 태어나면서부터 가지고 있는 소질의 두 가지 측면에 불과하다. 혈액형이 체질형인 동시에 기질형이다. 앞으로 혼동을 방지하기 위하여 기질형으로만 분류하여 설명한다.

어떤 물체에서든 외형과 설계가 동일하더라도 재료의 질이 다르면 특성과 기능은 달라진다. 생물체라고 예외는 아니어서 혈액형에 의해 체질과 기질이 달라진다. 다만 기질의 차이가 어느 정도의 크기일 때 현실의 인간 행동과 사회 현상에 다르게 나타나느냐가 실용적인 의미에서 문제가 된다.

천성에 의한 행동성은 훈련에 의해 수정될 수 있는데 훈련받은 개가 두 발로 걷는 경우가 여기에 해당하며 태어난 환경의 차이로 인해 천성적인 기질의 차이가 혼란스러워지는 경우가 있다. 나아가 질의 차이는 상황과 장소에 따라 커지거나 작아질 수도 있다.

돌의 재질 차이는 도로에 깔릴 때는 그다지 문제가 되지 않지만 보석으로 사용하여 반지로 만들 때는 하늘과 땅과 같은 어마어마한 차이가 있다. 인간의 기질 차이 역시 단순 노동을 하는 노동자보다 지능이 높은 업무를 하는 사람 사이에는 눈에 띄게 차이가 난다.

혈액형 분포율 유의차가 있으면 그 분야에서 요구하는 직업성과 기능이 혈액형과 크게 관계가 있다는 뜻인데 여러 분야에서 조사한 결과 대부분이 명백한 유의차를 나타냈으며 분포율의 차이가 우연에 의한 가능성 제로라는 높은 유의차를 보인 것이다.

자료출처: 혈액형 인생론/ 노미 마사히코, 노미 도시타카 공저

기질과 성격을 파악하는 방법

성격은 한마디로 단정 지을 수 없다

성격은 객관적으로 관찰하고 분석해 갈 자연과학의 대상이지 점술(占術)과는 아무 관계가 없다. 성격을 한마디로 표현할 수 있는 술어 또는 기호 같은 것은 아직 없다.

성격은 색채와 비슷한 면이 있다. 빨간색과 파란색을 어떤 색인지 한마디로 표현할 수는 없다. 불같은 색, 바다 같은 색이라는 것은 아무개 성격이라는 것과 마찬가지로 충분한 설명이 안 된다.

그러나 색의 경우는 파장의 차이가 발견되고 있으며 파장의 길이의 단위인 옹스트롱을 이용하여 한마디로 말할 수 있다.

성격을 나타내는 데 쓰이는 말의 대부분은 어느 측면의 행동과 표현의 한 경향을 보여주는 것에 불과하다. 성격은 그처럼 단어 하나로 단순하게 규정지을 수 있는 것이 아니다.

기질은 성격이라는 요리의 재료

성격에는 후천적인 면도 작용하는데 그것은 중요하지 않은가? 성격에는 천성적인 기질과 후천적인 면이 공존하고 있지만 선천성과 후천성은 서로 상반되는 것이 아니다.

기질은 유전에 의해 전해져 신체가 갖추고 있는 경향, 이른바 신체와 정신에 관한 모든 기능의 설계가 그려져 있는 청사진과 같은 것이다. 성격은 거기에 토대를 두고 형성된다. 그러므로 태어나서 얼마 안 되어 죽은 갓난아이일지라도 기질은 갖추고 있는 법이다. 하지만 성격은 전혀 형성되지 않은 상태다.

성격을 요리라고 가정한다면 기질은 요리재료라고 할 수 있는데 요리재료가 혼자서 저절로 요리가 되지는 않는다. 요리사의 요리작업에 의해 비로소 맛있는 요리가 탄생하는 것이다. 요리작업에 해당하는 것이 환경의 자극, 육아의 영향, 가정교육과 학교교육, 인간관계에 의한 감화, 직장에의 적응, 자신의 수양과 자기발전에 대한 노력인데 이것을 후천성이라 한다.

면요리 재료로 불갈비 요리의 맛을 낼 수 없듯이 요리의 어떤 부분에나 요리재료 본래의 성질은 남겨져 있는 법이고 성격 또한 마찬가지로 본래 타고난 기질과 성장하면서 받은 후천적 영향을 받는다. 그러므로 양자는 분리할 수 없으며 분리한다는 의미가 없다.

동일한 재료로 한없이 많은 종류의 요리를 개발할 수 있듯이 혈액형이 무엇이냐 하는 것만으로 일방적으로 성격을 단정 지을 수 없다. 하지만 요리사의 솜씨가 제아무리 뛰어나다 한들 면요리 재료로 불갈비 요리를 만들 수는 없는 것이다.

요리에는 맛있는 요리, 맛없는 요리가 있으며 동일한 요리재료를 가지고 요리를 해도 맛은 요리사의 솜씨에 따라 큰 차이가 난다. 성격 역시 동일한 혈액형에서 좋은 성격, 나쁜 성격으로 달라지는데 성격의 좋고 나쁨을 가르는 기로는 요리재료가 가진 특유의 맛을 어떻게 살리느냐가 관건이다.

인재의 활용에서 관건은 각각의 혈액형이 가진 본래의 기질을 살려 능력을 발휘하도록 하는 데 있다. 혈액형에 의한 기질의 특성을 가능한 한 자세하고 정확하게 이해해야 한다.

성격에는 명랑하고 침울하고 강하고 약하고 하는 것은 양의 차이이며 이는 훈련에 따라 얼마든지 변화가 가능한 유동적 요소이며 양적인 차이만 있다면 그것이 곧 성격차이라고 할 수 있으나 때와 장소에 따라 입장에 따라 바뀌는 경향이 있다. 집에서는 명랑한 사람이 밖에서는 조용하거나 옷차림에는 예민하게 신경 쓰는 사람이 음식에는 무신경한 경우이다.

이런 단편적인 모습만 보고 본래의 기질이라고 할 수 없으며 내향적, 외향적이라거나 꼼꼼하고 상냥하고 인내심이 강하다는 것 따위는 그 사람의 나이와 입장, 상황, 처한 입장에 따라 크게 달라지므로 성격을 나타내는 표현으로 사용하기는 어렵다.

어른이 되는 길

과거의 위에 현재가 놓이고 현재의 위에 미래가 열린다. 인생의 여행계획에서 과거에 걸어온 길은 무시할 수 없다. 인생계획은 여태껏 자신의 기질형의 특징이 어떻게 활용되고 어떻게 억제되어 왔느냐에 따라, 과거를 계속 성장시킬 것인가, 진로를 변경할 것인가가 결정된다.

O형의 성장과정

O형 어린이는 붙임성이 좋고 부모형제에게 어리광을 부리는 사람이 많다. 유아기에는 떼쟁이의 모습을 보이는 아이가 있는데 떼를 쓰는 것은 어리광의 표현이며 가족에게 친밀한 사랑을 가졌다는 증거로 효자이며 친구에게 적극적인 친절을 베풀거나 남의 일을 잘 돌보아 주는 따스한 사람이다.

O형의 기질은 가장 자연 그대로의 기질이라고 할 수 있으며 삶의 의욕이 강하다. 현실성, 강한 실천력, 직선적인 사고방식은 쓸모없는 것에 고민하지 않는 행동과 사고가 효율적인 탓에 생겨난 것이다.

1) 특 징

① 키워드

- 약육강식의 동물세계 원칙처럼 힘의 강약에 민감하다.
- 어린 시절의 성장영향이 가장 강렬하게 남는다.
- 강자의 동향에 온 신경을 쓰고 강자를 흉내 내는 성향이 강하다.

② 목 표

- 목표지향성이 뚜렷하여 일단 목표가 정해지면 집중력, 추진력, 성취능력이 뛰어나지만 목표가 분명치 않으면 굴곡이 심하다.
- 1~3년의 단/중기 계획수립을 잘한다.

③ 사회성

- 청년기는 집단 속으로 들어갔다가 중년 이후 독립한다.
- 부하를 잘 다룬다.

- 힘이 부족함을 느끼면 경쟁을 포기하고 낙오자가 된다. 보호자다운 사랑이 충분하기 때문에 약한 이를 돕는 과정을 통해 재기할 수 있다.

④ **성공준비**

- 신뢰할 만한 선배, 지인을 만들어 두는 것이 좋다.

⑤ **긍정적인 면**

- 현실성, 강한 실천력, 직선적 사고방식
- 친구에게 적극적으로 친절하고 남의 일을 잘 돌보는 따스한 마음

⑥ **부정적인 면**

- 일반적으로 붙임성이 좋고 어리광을 부리는 효자
- 강자를 따른다.

2) 유소년기

① **정상적 환경에서 성장한 경우**

- 박진감 넘치는 표현 욕구를 가지고 있다.
- 일반적으로 붙임성이 좋고 어리광을 부리는 효자
- 친구에게 적극적으로 친절하고 남의 일을 잘 돌보는 따스한 마음

② **과보호 환경에서 성장한 경우**

- 부모의 힘을 등에 업고 산다.

③ **애정결핍 환경에서 성장한 경우**

- 엄청난 악영향을 끼친다.
- 극단적인 신경질을 부린다.

- 부모의 애정결핍 시 자신을 보호해 줄 패거리를 찾게 되며 강자와 권력에 대한 비굴함, 술수를 익히게 되며 타인의 호의와 악의에 민감하다.
- 부모형제의 성격영향을 강렬하게 받는다.

3) 청년기

① **키워드**
- 입사 후 성격이 온순해진다.
- 선배를 깍듯이 모신다.
- 권력다툼의 중심역할을 하거나 선배를 밀어내는 하극상
- 부모형제의 성격영향을 강렬하게 받는다.

② **정상적인 경우**
- 독립적인 생활과 적절한 대우를 받으면 풍부한 인간미 발휘

③ **부정적인 경우**
- 조직, 서열관계, 권력구조가 확립되지 않은 조직에서는 개성 넘치는 행동이 나타남
- 상사에 반항하거나 모난 행동을 한다.

B 형의 성장과정

B형 어린이는 낯선 사람에 관심에 가지지 않으며 가끔 B형 특유의 조사관 기질이 나타나면 엉뚱한 질문을 한다. 생활하면서 잘못을

저질렀을 때 주의를 주면 대답은 잘하지만 시정은 하지 않는 경향이 있다.

1) 특 징

① **키워드**

- 감각파로 방랑벽이 있어 정착성이 희박하다.
- 생각과 행동을 형식적인 틀에 맞추는 것을 싫어한다.
- 관습에 자신을 적응시키는 데 서툴다
- 특정사물에 흥미를 느끼면 집중도가 높다: 자연분야 진출이 많다.
- 흥미집중력과 유연한 아이디어, 수평적 사고, 신선한 시각

② **목 표**

- 사회와 동떨어진 자기만의 세계에서 임기응변식 목표

③ **사회성**

- 교제형식을 능숙하게 익히지 못하지만 우수한 관찰력과 이해력이 있어 경험만 쌓으면 복잡 미묘한 인간관계를 정확하게 인식할 수 있다.
- 자신의 흥미를 스스로 찾으므로 무기력은 없으며 항상 흥미와 관심을 같이할 동료를 찾는데 못 찾으면 자기만의 세계에 빠진다(자폐증).

④ **성공준비**

- 단기, 장기 모두 조금 더 사회와의 관계에 주의와 관심을 가지고 상황에 맞게 건실한 계획을 세우는 것이 필요하다.

⑤ **긍정적인 면**

- 형식과 관습에 얽매이지 않고 자유로운 생활을 희망한다.
- 호기심의 폭이 넓다.
- 한 번에 여러 가지 일을 동시에 잘 한다.

⑥ **부정적인 면**

- 규제나 구속을 싫어한다.
- 주위는 신경 쓰지 않고 주저 없이 새로운 행동을 한다.
- 신중함이 부족한 기분파다.
- 화를 잘 내고 신경질적이다.

2) 유소년기

① **정상적 환경에서 성장한 경우**

- 화려한 색채감각과 자유분방함
- 행동 자체가 천진난만하며 구김살 없이 명랑하다.
- 체력과 재능, 학업성적이 우위에 있는 아이는 태도를 바꾼다.

② **과보호 환경에서 성장한 경우**

- 안이한 생각을 하며 독선적이고 경솔하다.
- 가정과 가족에 대한 책임감이 부족하다.
- 사회성과 야심이 부족하다.

③ **애정결핍 환경에서 성장한 경우**

- 쭈뼛거리며 조심스러운 태도를 취한다(무뚝뚝한 타입).
- 조심성이 많은 B형의 경우 수줍음이 한층 더 조심성 있게 만든다.
- 무언가에 마음을 빼앗기면 조심성이 부족해진다.

• 차별대우나 소외되면 초조해하며 공격적이 된다.

3) 청년기

① **키워드**

• 실생활과 처세를 고려치 않고 생활에 도움이 되지 않을 것에 집중

② **정상적인 경우**

• 사회의 위계질서에 구애받지 않고 활동

• 흥미가 있는 분야에서는 치밀하고 빈틈이 없다.

③ **부정적인 경우**

• 사회 관습을 등한시함으로써 장애가 발생할 수 있다.

• 흥미가 없는 분야에서는 부주의하고 세밀하지 못하다.

A 형의 성장과정

A형 어린이는 표현 억제파와 서비스파로 구분되는데 서비스파는 애교를 잘 부리며 대화 시 "내가"라는 말을 자주 잘 하며 자신을 나타내려 노력한다.

1) 특 징

① **키워드**

• 완벽주의자로 융통성이 없다: 대기만성형

- 무슨 일이든지 끝까지 야무지게 한다.
- 협조해서 일을 잘하고 타인을 잘 도와준다.
- 단순작업에 대한 인내력, 완벽주의, 팀워크 존중, 서비스 정신
- 자신감이 생명
  ㄱ. 어떤 특정한 능력이나 기술에서의 자신감
  ㄴ. 자신이 사회나 타인에게 도움이 되는지에 대한 존재 여부

② **목 표**

- 사회인이 될 때까지 좌절을 경험하지 않고 평탄하게 성장하여 미래를 전망하기가 좋은 조건이나 완벽주의이기 때문에 부정적인 요소로 인해 운명론자가 많고 적당주의가 많다.

③ **사회성**

- 교제형식을 능숙하게 익히며 사교에 능숙하다.
- 자신의 의견이 거부되면 자신감을 잃고 불평분자가 되면서 낙오자가 된다. 누군가에게 인정받으면 재기할 수 있다.

④ **성공준비**

- 지나친 완벽주의와 그로 인한 비관주의를 극복해야 한다.

⑤ **긍정적인 면**

- 단순한 힘의 차이나 압력에는 굴하지 않고 완강하게 원칙고수
- 주위와 상대에게 세심하게 배려하고 평온한 관계유지를 원함
- 자신의 감정과 요구, 의견을 드러내지 않고 무난한 표현으로 통제

⑥ **부정적인 면**

- 원칙고수를 위해 의견을 굽히지 않으며 반항하거나 싸운다.
- 불안하고 부정적인 부분
- 금전적인 소비성향이 크다.

• 의심이 많아 사람을 잘 믿지 않는다.
• 수동적으로 시키는 일만 한다.
• 싫증을 잘 내고 끈기가 없다.

2) 유소년기

• 성장과정에서 사회와 어떤 입장에 놓이는가에 따라 유형이 달라진다.
• 적극파 A형: 자기 주장하는 아이
  －열을 올려가며 자신의 의견을 주장하고 걸핏하면 싸운다.
• 소극파 A형: 숫기 없는 아이
  －잠자코 꾹 참지만 자기의견을 바꾸지 않고 분발하려 한다.
  －자신을 억제하고 서비스 정신이 넘치는 애교를 떤다.
  －말을 적게 하고 주제 넘는 참견을 하지 않는다.

① 정상적 환경에서 성장한 경우

• 조용함과 기술적 섬세함이 있다
• 무슨 일이든지 끝까지 야무지게 한다.
• 협조해서 일을 잘하고 타인을 잘 도와준다.
• 단순작업에 대한 인내력, 완벽주의, 팀워크 존중, 서비스 정신

② 과보호 환경에서 성장한 경우

• 싫증을 잘 내고 철저하지 못하다.
• 불평불만이 많고 외골수가 되기 쉽다.
• 독선적이고 겉 치레에 치중하여 혼자만 좋은 사람이 되기 쉽다.

③ **애정결핍 환경에서 성장한 경우**

- 잘못을 꾸짖으면 자신의 속으로 숨는다.
- 자신을 지키려는 고집스러움

3) 청년기

① **키워드**

- 사과하거나 항복하는 데 가장 서툴다.
- 사회를 가장 민감하게 의식한다.

② **정상적인 경우**

- 중고등학교를 졸업하면서 사회의 파도를 견디기 위해 자신의 고집을 포기하고 생존을 위해 책임감과 사명감을 다한다.
  단, 사회성이 그다지 요구되지 않는 분야(문학, 예술, 학문 등)에 몸담고 있는 사람은 부모와 배경 등 환경적 특권을 누리고 있어서 사회의 상식을 거부하며 자신감으로 똘똘 뭉친 것처럼 콧대 높은 사람도 있다.

③ **부정적인 경우**

- 약자인 청소년기에는 민첩함을 몸에 익혀 경직된 부분이 표출된다.
- 억압당했다고 느끼면 맹렬하게 반항하며 비행청소년이 되는 경우가 있다.

AB 형의 성장과정

AB형 어린이는 낯가림이 심하고 경쟁할 때 승부에 얽매이지 않는다.

1) 특 징

① **키워드**
- 이해하기 어려운 정에 빠지지 않는 이성파로 집념과 몰두가 부족하다.
- 타인에 대해 분석하기를 좋아하나 자신을 알아줄 때 허심탄회하게 말함
- 타인에 대한 거리감으로 사회와 한 걸음 거리를 둔다.

② **목 표**
- 계획을 수립하는 데 재주가 있으나 자신의 미래 계획에는 등한시한다.
- 취미 같은 발상의 계획: 1～2년짜리 계획

③ **사회성**
- 지나친 욕구가 없으므로 커다란 불만을 느끼지 않으나 사회참여를 단념하면 의무감과 책임감을 버리고 낙오자가 된다.
- 마음속으로 흥미를 잃었지만 내색하지 않고 사회에 참여하는 자가 많다.

④ **성공준비**
- 안정된 사회참여에 만족하고 욕망에 한계를 드러내는 데 삶에 대한 의욕을 고취하여 계획성을 키우는 것이 필요하다.

⑤ **긍정적인 면**

- 합리적인 사고를 한다.
- 비판하고 분석하기를 좋아하며 그 능력이 뛰어나다.
- 사회 참여와 공헌을 희망한다.
- 사회생활 시 감정 절제를 잘한다.
- 집중력이 높다.

⑥ **부정적인 면**

- 매사에 취미수준 이상으로 몰두하지 않는다.
- 동화적인 공상을 즐긴다.
- 지나치게 계산적이고 인색하다.
- 욕심이 없어 방관하는 태도를 견지한다.
- 무기력하다.

2) 유소년기

① **정상적 환경에서 성장한 경우**

- 손재주가 있다
- 스킨십이 따르는 응석을 모르고 자란다.
- 악착같이 승리를 주장하지 않으며 잘 삐치지 않는다.
- 겉으로는 웃음을 띠고 온순하지만 이질감과 비판을 숨긴다.
- 현실을 떠난 공상을 즐기거나 권선징악을 선호한다.
- 10~15세가 되면서 타인이나 세상이 난폭하지도 불합리하지도 않음을 인지하면서 인간관계 조정에 능력을 발휘한다.

② **과보호 환경에서 성장한 경우**

- 사회참여를 단념하면 사회에 대한 의무감과 책임감을 모두 버리고 철저한 무기력자가 된다.
- 인공자극을 탐닉할 수 있다.
- 제멋대로 행동하고 이중인격자로 보인다.

③ **애정결핍 환경에서 성장한 경우**

- 감정을 드러내거나 거세게 억압하거나 본능을 드러내는 행동을 하면 혐오감 또는 공포감을 갖는다.

3) 청년기

① **키워드**

- 이성적, 지적, 분석력이 뛰어나다.
- 예리하고 재치가 있으며 감수성이 있다.
- 처세가 빠르고 항상 제3자의 입장을 취한다.

② **정상적인 경우**

- 인간관계 중계 능력으로 비즈니스 측면에서 우수한 능력을 발휘한다.
- 밝은 표정으로 남을 도와주기 좋아하고 유능한 타입으로 변신한다.
- 여러 가지 심사숙고 후 얻어진 결론으로 자신을 개조한다.

③ **부정적인 경우**

- 수면부족에 취약하다.
- 냉정하고 솔직하지 않다.
- 억지로 변명하고 반성하는 자세가 부족하다.

• 끈기가 부족하고 싫증을 빨리 낸다.
• 제멋대로 행동하고 이중인격자로 보인다.

직업 적성

현재까지 알려진 공공연한 직업은 2만 가지 이상, 대학이나 전문대학에 개설된 학과의 수는 대략 250여 학과, 이런 상황에서 우리 회사의 업무에 딱 맞는 사람을 찾기는 쉬운 일이 아니다.

또한 산업체에서 필요한 사람과 학교에서 양성하는 사람 간에 언밸런스가 되는 것은 어쩌면 당연한 결과인지도 모른다. 그래서 요즘은 산업체에서 요구하는 맞춤형 인력을 육성하는 경향이 두드러지고 있지만 격차를 해소하기에는 역부족이다.

대부분의 직업은 다방면의 기질을 필요로 한다. 그러므로 세간에서 말하는 '~다운'에 이끌려 어떤 직업에 대한 응시자의 적성 여부를 판단해서는 안 된다. 인원을 선발할 때 직책이 요구하는 다양한 기질과 능력을 응시자가 갖추고 있는지를 종합적으로 비교해 보아 응시자의 어떤 부분은 활용하고 어떤 부분은 억제하여 우리 사람을 만들 것인가를 확인하고 선발해야 한다.

그리고 그것이 가능한지 가능하지 않은지와 독특한 인간관계에 맞출 수 있는지를 포함해서 검토해야 한다.

어떤 기질의 사람에게 어떤 직책이 적합한지는 현재로서는 알 수 없다. 다만 단순한 적성의 적합 여부뿐만 아니라 적응 여부도 판단해야 하는데 기질을 잘 판단하면 적합한 인재선발의 단서는 될 수 있다.

좋아하는 적성과 노력해서 될 수 있는 적성

이 직책에는 이런 이런 사람이 적합하다는 기준이 있기는 하지만, 하나의 직책에 깊이 들어가면 사정은 달라진다. 손님을 상대하는 장사에 적합한 기질은 일반적으로 O형과 AB형이지만 가장 매상을 많이 올리는 사람은 A형이 오히려 많다.

보통의 성공을 거두기 위한 적성과 엄청난 성공을 거두기 위한 적성은 다르다는 것이다. 좋아하는 것은 적성의 한 요소라고 볼 수 있는데 좋아하는 것으로 이룰 수 있는 성과는 보통의 성공이고 그 이상의 성과를 올리기 위해서는 좋아하는 적성으로는 부족하고 노력 적성이 필요하다.

어떤 직업이 구체적으로 무슨 일을 하는지를 제대로 모르고 아무 이유 없이 싫어하는 경우가 있는가 하면 겉으로 드러난 화려함이나 소문만 듣고 섣부르게 좋아하는 경우도 있다.

B형은 다른 사람들이 흥미를 가질 수 있다면 나 역시 흥미를 가질 수 있다고 생각하며 대부분의 직업에서 매력을 발견해 낸다. O형은 그 직업에 필요한 전문 기술과 지식에 깊이를 더하게 되면 좋고 나쁨을 떠나 할 수 있다.

AB형은 좋고 나쁨에 관해서는 약간 융통성이 부족하지만 자신이 타협할 수 없을 만큼 싫어하는 부분을 피할 수 있다면 직업적 사명감으로 극복하기도 한다.

좋아하는 일에 대한 적성과 노력 적성의 구체적인 내용에 대해서는 현재까지 조사된 자료가 거의 없다. 결국 가능한 한 그 직업이 필요로 하는 능력, 성격, 기술 등을 상세하게 조사한 것과 기질형을 토대로 현재 응시자가 드러내고 있고 또 잠재된 기질을 점검하는 것이 최상의 방법이다.

직업을 선택하는 것이야말로 자신의 생애를 결정하는 중요한 것이므로 될 수 있으면 그에 관한 상세한 정보와 지식을 확보하는 것이 좋다. 그러기 위해서는 그 분야에서 성공한 사람 가운데 자신과 같은 기질을 가진 사람에게 경험을 묻는 것 또한 큰 도움이 될 것이다.

직업 능력

직업적인 활동과 일상생활에서 요구되는 능력과 자질은 다르다. 직업 면에서 보면 역량, 직무성, 기술로 나눌 수 있는데 능력, 직무성, 기술은 기질에 따라 습득효율이나 발전 정도가 다르다.

1. 능 력

능력이란 오랜 세월에 걸쳐 성장하면서 단련되고 축적된 힘으로 사람이 태어날 때 가진 능력에는 상당한 차이가 있지만 능력은 육체적 능력과는 달리 혹독한 훈련에 의해서보다는 긴 시간에 걸친 경험

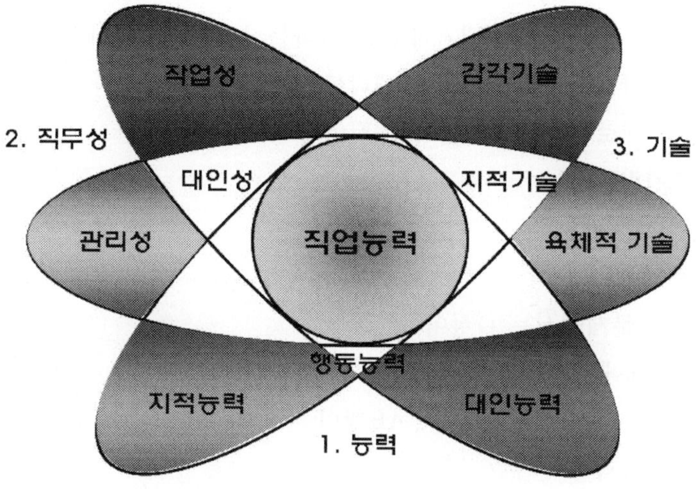

에 의해 증대되는 경우가 많다. 아래의 모든 능력의 적응성은 기질별 전문분야에 한해서 사례를 든 것이므로 어느 기질은 어느 분야에서나 그렇다는 논리는 성립할 수 없다는 전제로 설명한다.

1) 지적 능력

■ **창조력**

B형, O형이 앞선다. 만약 A형, AB형이 잘 훈련된다면 B형, O형보다 나을 수 있다.

■ **구성력**

구성력이란 구성요소를 조직하는 능력으로 A형, AB형이 뛰어나다.

■ **해석력**

AB형은 천성적으로 평가하고 분석하는 능력이 뛰어나다.

A형은 사례가 많은 경우에 예리한 해석력과 분석력을 보이며,

B형은 새로운 상황의 해석에 뛰어나다.

■ **직관력**

O형이 뛰어나다.

■ **이해력**

현실적 문제에서는 O형이

인간관계에서는 AB형, A형이

과학적 이해력에서는 B형, AB형이 뛰어나다.

■ **학습능력**

지식 면에서는 O형이 우수하다.

기술 면에서는 A형이 우수하다.

AB형은 요령을 빨리 파악한다.

■ **기억력**

패턴인식, 시각적 기억은 O형이 우수하여 사람의 얼굴을 잘 기억한다.

숫자 등 기호적인 기억은 B형이 우수하다.

2) 행동능력

■ **결단력**

O형이 앞선다.

궁지에 몰렸을 때는 A형이 앞선다.

미경험 현상에 대해서는 O형보다 B형이 앞선다.

■ **실천력**

A형이 앞서며 결단 후 사소한 일에 수고를 아끼지 않는다.

B형은 빨리 행동으로 옮기지만 실천력과는 다르다.

O형은 개인차가 크다.

■ **반사 능력**

순간적인 변화에 따른 능력을 말하는데

빠르기로는 AB형이 강하다

융통성은 B형이

육체적 반사 능력은 O형이 빠르다.

■ **예방력**

A형이 가장 우수하며

인간관계는 O형이 앞선다.

■ **주의력**

A형이 앞서지만 일단 관심을 집중시키면 B형도 우수하다.

과학적 이해력에서는 B형, AB형이 뛰어나다.

■ **해결능력**

사건이 발생 시 해결하는 능력으로 O형과 B형이 우수하다.

AB형은 제3자의 입장에서는 양호하지만 당사자의 입장에서는 불량하다.

■ **집중력**

목표가 정해지면 O형이

하나에 집중하는 능력은 B형이 우수하다.

일상적인 사무에서는 A형이 우수하다.

■ **인내력**

단조로운 노력과 작업에는 A형이 강하다.
변화가 심한 경우는 B형이 강하다.
정해진 목표가 있으면 O형이 강하다.
AB형은 수면부족에 특히 약하다.

3) 대인능력

■ **감정억제력**

일반적으로 A형이 우수하지만 감정이 폭발하면 맹렬하다.
O형은 빨리 해소하는 편이다.
직업분야에서는 AB형이 가장 조절을 잘한다.
B형은 겉으로 쉽게 드러내지만 곧 해소한다.

■ **표현력**

O형이 우수하다.
해설형식은 A형, AB형이 앞선다.

■ **설득력**

상대에 따라 차이가 있지만 상대를 파악하는 끈기는 A형이 우수하다.

■ **지도력**

A형, O형이 앞선다.

■ **통솔력**

O형, B형이 우수하다.
관리능력 면에서는 AB형이 우수하며 후원자의 지지를 받아야 능력을 발휘한다.

■ **집단력**

동료를 만드는 능력은 O형이 우수하다.

조직을 구성하거나 조직에 맞추는 경우는 A형이 우수하다.

■ **인사능력**

A형이 우수하다.

■ **접인능력**

많은 사람 상대에서는 B형이 강하다.

AB형은 알선능력이 뛰어나다.

A형 중에는 간혹 선동능력이 뛰어난 사람도 있다.

직무성

직무성은 타고난 기질에 따라 좌우되는 것으로 자신이 어떤 부문에 잘 집중할 수 있느냐 하는 성향을 나타내며 일종의 방향성을 가지는데 기질적 요인이 많은 만큼 변화가 어렵다. 그래서 새롭게 직무성을 체화하려면 단단한 의지와 자기관리능력이 필요하다.

1) 대인성

■ **접객성**

AB형의 실수 없는 접객성은 매우 우수하며 A형도 우수하다.

■ **섭외성**

적극적으로 행동하여 거래 등 직업적 인간관계를 만들어 가는 것으로 O형과 사전 교섭활동에 능숙한 B형이 우수하다.

A형은 시간을 들이면 훌륭한 섭외성을 나타낸다.

AB형은 중재자의 입장이나 제3자의 입장에서는 우수하다.

■ **협조성**

A형이 우수하지만 저항하면 두려운 존재가 된다.

AB형은 유연하다.

O형은 공동의 목표가 있을 때 우수하다.

■ **대화성**

B형, O형이 우수하지만 O형은 회담에 강하다.

■ **관리성**

직무내용이나 상황에 따라서 다르기 때문에 어느 기질이 우수하다고 단정 지을 수 없다.

2) 관리성

대체적으로 O형은 집중력을 요하는 업무, A형은 인내력이 필요한 업무, B형은 자유로운 업무에서 우수하고, AB형은 성실한 노력과 끈기가 부족하다.

■ **기획력**

AB형의 실수 없는 접객성은 매우 우수하며 A형도 우수하다.

■ **의견 조정**

AB형이 의견 조정의 명수이며 O형은 시비를 가리고 결정하는 일에 우수하다.

■ **회 의**

A형은 회의를 좋아한다.

O형은 좋아하지 않아도 열심히 한다.

■ **진 행**

A형이 우수하다.

B형은 분야에 따라 열의를 보인다.

■ **데스크워크**

A형, AB형이 우수하다.

■ **정 리**

A형이 우수하다.

AB형, B형은 기록업무에 우수하다.

■ **조 사**

AB형, B형이 우수하다.

O형은 목표에 따라 우수하다.

A형은 장시간 업무에 우수하다.

■ **경 리**

A형이 우수하다.

AB형, B형은 계산 자체는 우수하다.

■ **금전융통**

O형, AB형이 우수하지만 AB형은 규모가 작다.

B형은 분야에 따라 열의를 보인다.

■ **분 석**

AB형, A형이 우수하다.

O형, B형은 부분적으로 우수하다.

■ **사무기계**

O형이 우수하다.

A형은 꼼꼼함과 기계적인 요구에 우수하다.

■ **법 적용**

O형이 우수하다.

AB형은 우수한 사람도 있다.

기 술

기술은 지적인 통제하에 훈련되어 몸에 체화된 숙련된 동작과 사고를 말하는데 기술은 반복된 훈련으로 가장 수월하게 체화할 수 있다. 그러나 기술을 사용치 않으면 숙련도가 저하된다.

하나의 직업 분야에 수많은 기술이 필요하기 때문에 기술 하나하나를 열거하기는 무리가 있다. 기술은 후천적으로 교육이나 훈련을 통해서 향상되는 것이기 때문에 기술 습득에 관계되는 기질의 영향을 분류하기는 어렵다.

기술을 습득과 사용처를 기준으로 분류하면

1) 육체적으로 힘이 필요한 기술
2) 감각기관이 필요한 기술
3) 지적 능력이 필요한 기술로 분류할 수 있다.

기술에 대한 기질별 특징은

O형은 재주가 뛰어난 사람이 많으며 O형은 학습성이 뛰어나서 필요성을 인식하면 매우 빠르게 습득한다.

B형은 일반적인 기술 습득에 솜씨가 있는 사람이 있지만 B형 특

유의 기질영향으로 응용이나 독자적인 연구에 치우쳐 단순하고 기초적인 기술을 오랜 시간에 걸쳐 익히는 노력을 경시한다.

A형은 기술적 지식은 무조건 외우고 기억해야 할 것들이 많은데 하나하나 납득해야 하는 A형 특유의 기질로 인해 기술 습득이 더디지만 손끝으로 하는 정밀한 작업은 탁월하다.

AB형은 섬세한 기술에 뛰어나며 창의적인 아이디어를 많이 가지고 있지만 끈기가 부족하여 심각하게 필요성을 느끼거나 감독하고 격려하지 않으면 노력을 게을리 한다.

평생직업의 발견

직업에 귀천은 없다. 그러나 직업마다 가치는 다르다. 직업이 한 인간의 인생에서 차지하는 가치의 높고 낮음이 있음은 틀림없는 사실이다. 직업이 인생의 전부라면 그 사람에게 직업의 가치는 높고 직업이 인생의 극히 일부에 불과하다면 상대적으로 직업의 가치는 낮다고 할 수 있다.

우리는 직업에 대한 개인적 사정을 보면

첫째, 먹고살기 위한 수단으로서의 직업

희망하는 직업에 종사하면서 보람을 느낄 수 있는 직장을 구하는데 실패한 사람들이 어쩔 수 없이 생계수단으로 직업을 선택한 경우로서 한 번뿐인 인생에서 참으로 안타까운 일이다.

둘째, 사회에 참여하기 위한 직업

여기에는 두 가지가 있는데 사회에 적극적으로 참여하고 온 힘을 바치며 사회 속에서 일하는 경우와 사회인으로서 도태되지 않기 위하여 형식적으로 직업을 가지려는 소극적인 경우가 있다.

셋째, 인생의 목적을 이루기 위한 수단으로서의 직업

넷째, 인생의 목표 그 자체로서의 직업

셋째나 넷째 부류에 들기 위해서는 아무 직업이나 상관이 없는 것이 아니라

단순히 적성에 맞는 직업을 넘어 인생의 목표 추구에 적합한 직업이어야 한다.

한결같이 평온한 생활을 인생의 목표로 삼으면서 직업 군인이 되는 것, 사회봉사를 희망하면서 사채업을 하는 것은 적합한 직업이 아니다.

한 가지 직업에 평생을 바치고 몰두하면서 과연 후회가 없을 것인가 하는 점을 고려해 볼 필요가 있다. 이런 점들을 종합적으로 판단한 다음 응시자의 기질에 따른 직업적성을 맞추어 선발하는 것이 중요하다.

O형이 원하는 직업

인생의 출발점에서 우수한 환경조건 때문에 엘리트 코스를 보장받은 사람이 있는데 그런 사람들을 제외한 O형의 Color는 젊은 시절에 여러 직업을 전전하는 사람이 많다.

1) O형은 여러 직업을 전전한 뒤 30세 정도가 되면 자신에게 맞는 전공분야를 결정하고 그 후는 외길을 가며 전공을 바꾸는 일에 서툴러서 직장을 변경하는 데 제약이 따른다.
2) O형은 기질적으로 집단성(좁은 의미의 사회성)이 강해 집단활동을 추구 하는 특징이 있다. 집단의 성격이 자신의 전공분야와 일치하면 좋지만 그 기대를 해소하지 못할 때 O형 인생은 기대에 어긋나게 된다.
3) O형이 직업을 선택할 때는 장래에 그 분야에서 충분히 집단활동을 해낼 수 있느냐 하는 점을 사전에 고려해야 한다.

B형이 원하는 직업

직업과 일은 의미가 다른데 직업이란 사회적인 분류의 하나이다. 형식적인 것에 개의치 않는 B형은 전문가로서 인생을 보내는 사람이 가장 적고, 직업과 전문분야를 잘 이해하지 않는다.

1) B형은 나름대로 일관된 방향으로 흥미를 가지고 있다고 생각하지만 타인의 눈으로 보면 직업과 전문분야가 뒤바뀐 경우가 많다.
2) 여러 가지 다양한 직업을 섭렵하면서 자신은 방향을 바꾸지 않았다고 생각한다. 그중 직업에 전혀 흥미를 느끼지 못하고 의식조차 없기 때문이라고 생각하는 경우가 많다
3) A형처럼 충실한 생활에 관심을 갖거나 직업에서 흥미를 찾아야 한다. 자신의 흥미와 사회적으로 유리한 직업을 조화시키는 것이 B형이 해결해야 할 과제이다.

A형이 원하는 직업

직업에 임하는 A형의 마음가짐은 두 가지가 있는데 하나는 자신의 직업을 천직이라고 느끼고 직업을 통해 사회적 사명감을 만족시키는 것, 즉 적극적 의미의 사회참여를 위한 직업을 갖는 경우와 또 하나는 철저하게 생활비, 즉 '무언가를 위해' 또는 '누군가를 위해'라는 사명감을 가진 삶을 추구하는 경우이다.

1) A형은 이러이러한 것을 위해 일한다고 거리낌 없이 말한다.
2) A형은 순수하게 그것 자체가 목적인 직업을 가질 수 없으며 자신만을 위해 행동하게 될 때 매우 당황한다. '~을 위해서'라고 구체적으로 내세울 대상을 찾지 못할 때 당황한다.
3) 사명감은 '사회를 위해', '인류를 위해' 하는 식으로 넓은 범위나 '가정과 가족을 위해서'라는 좁은 의미도 동일하다고 생각한다.
4) A형은 일터에서 보낸 시간을 희생의 시간으로 생각하므로 근무시간 후의 시간은 자신의 인생을 위한 시간이며 그 시간을 유효하고 밀도 높게 보내려는 욕구가 강해 적절한 레저를 즐기는 사람은 바람직하지만 가끔 술과 도박에 빠지는 경우를 주의해야 한다.

AB형이 원하는 직업

AB형은 사회 참여를 위한 직업을 가질 때 가장 보람을 느낀다.

AB형은 적극적이든 소극적이든 사회에 참여하려는 의욕이 강해 참여의 역할이 결정되어 안정되어 있는 경우, 무언가 복지에 관계된 일을 하고 있는 경우, 사회나 타인을 위해 공헌했다는 평가가 돌아오는 경우, AB형의 기질과 취향이 일치하는 경우가 최고의 직업이 된다.

1) AB형은 두 개의 직업을 병행하는 경우가 많다.
2) 대부분의 직업을 소화해 낼 수 있으며 특히 인간관계를 다루고 타인을 돌보는 직업분야라면 충분히 만족감을 느낄 수 있다.
3) AB형은 모든 욕구에 집념이 적은 편이므로 자신의 능력을 100% 발휘하지 못하지만 예술이나 디자인 등에서는 100% 발휘가 가능하다.
4) 타인과의 이질감이 남아 있는 AB형은 사회참여를 두려워하며 그런 경우는 어떤 직업에서나 열의를 갖지 못할 우려가 많다.

혈액형별 적합한 창업 아이템

O형: 외식업 창업

O형은 창업시장에 가장 적합한 혈액형으로 조사결과 전체 창업자의 33%(194명)를 차지하여 가장 많은 혈액형으로 조사됐다. 일반적으로 O형은 목표가 뚜렷하고 매사에 긍정적이고 낙천적이어서 자신감이 넘치는 편이며 끈기와 오기도 강한 성격으로 분류되어 주류전

문점이나 치킨전문점, 고기전문점 등 외식업종에서 단연 두각을 나타냈다.

목적과 상황에 따라 집중력도 뛰어나 철저한 계획을 세우고 진행하는 스타일로 유행, 유망 아이템 모두에 적합하다. 특히 O형의 여성들은 화술과 손재주가 뛰어나 어린이 교육이나 비즈공예, 액세서리전문점 등에 도전해 볼 만하다.

B형: 기술 · 판매형 아이템 적당

B형은 전체 창업자의 약 30%에 해당되고 매출도 상위권에 위치하는 등 창업시장에서 적합한 혈액형으로 분류됐다. 일반적으로 B형은 주위의 시선에 구애받지 않는 개방적인 성격으로 틀에 박힌 보수적인 일보다는 자신이 흥미를 느끼는 일에 몰두해서 파고드는 스타일이다.

창의력이 뛰어나 다양한 아이디어와 날카로운 판단력을 장점으로 가지고 있고 인정이 많은 따뜻함도 지니고 있다. 국내 대기업 CEO 가운데 가장 많은 비중을 차지하고 있기도 하다.

B형은 전문적인 지식을 요하는 기술형 아이템이나 판매 · 유통형 창업 아이템에 적합하며 조사결과 피부관리전문점이나 편의점, 아이스크림 판매점, 베이커리 판매점 등에서 다른 업종보다 단연 두각을 나타냈다고 설명했다.

B형의 경우에는 덜렁대고 싫증을 잘 내며 생각하고 있는 바를 행동으로 바로 옮기는 편이어서 그만큼의 실패도 많으므로 창업을 할 때 철저한 사전계획이 필요하다.

A형: 서비스업 계통

일반적으로 A형은 매사에 조심스러워 꼼꼼하고 실수가 적은 편이고 상대방을 배려하는 마음이 깊어 편안한 응대를 해주는 서비스업 계통이 적당하다.

다른 사람들의 시선을 많이 의식하는 편에 속해 사람들이 인정해주는 공익적이고 대의명분이 있는 사업을 하는 것이 좋다.

A형은 성취감과 사명감을 느끼면 강한 추진력이 생기는 타입으로 전체 가맹점의 26%(153명)를 차지하고 있었으며 외식업, 무점포, 문구·팬시점 등 모든 업종의 창업 아이템에 고루 분포됐다. 하지만 매출 면에서는 중위권 유지가 가장 많은 것으로 조사돼 창업 적성도는 보통으로 분류됐다.

AB형: 웨딩 이벤트

개성이 강하고 예술적인 감각도 뛰어난 편이나 성격이 다소 특이하고 복잡해 주위 사람들에게 이중인격자라는 오해를 받기도 하는 AB형 사람들은 평범한 일보다는 끊임없는 변화와 재창조를 요구하는 일이 적당하다. 이번 조사에서 전체 창업자 중 12%에 해당돼 미약하지만 창의력과 응용력이 뛰어나 웨딩 이벤트나 광고업, 여행업, 맞춤다이어트 전문점, 정보 제공업, 인력공급 및 고용 알선업 등에 적합하다.

자료출처: 창업경영연구소

제4장 인상학

제4장 인상학

인상학이란?

동양인에게는 동양인 특유의 사고와 진리탐구가 있어서 서구의 그것과는 상이한 바 있으니 서양인은 모든 것을 관념적·물질적 고찰로, 동양인은 음양과 중용의 이론으로 관찰한다. 공자도 심상과 복덕의 선후를 밝혀 유심(唯心)이 얼굴에 있음을 인정한 바 있다.

인상으로 사람을 정확하게 볼 수 있다는 것은 입으로 말하는 것보다는 몸짓이나 행동으로 표현하는 것에 더 정확한 면이 있기 때문에 입에서 나오는 말보다 몸짓과 행동을 주시해야 한다.

사람을 정확하게 꿰뚫어 본다는 것이 쉽지는 않지만 아무리 어려운 문제에도 정답은 반드시 있게 마련이니 꾸준히 노력하면 사람을 보는 안목이 점차 높아질 것이며 누구도 처음부터 사람을 잘 알아본다는 것은 무리이며 그렇게 되기 위해서는 인상에 대한 공부와 많은 사람을 만나서 경험을 쌓아갈 수밖에 없다.

우선 사람을 알아보기 위해서 중요한 것은 사람들에게 흥미를 갖고 호감을 가져야 하며. 다음에는 직감력을 길러서 왠지 '이 사람은 이런 사람일 것이다'라는 느낌으로 일차적 판단을 하면 좋을 것이다. 그 다음 얼굴 전체를 보아서 눈, 코, 입의 균형이 잡혀 있는가 어떤 가를 보아 가는 것이다.

얼굴의 균형이 잡힌 사람은 성격도 균형이 잡힌 상식 있는 사람이다. 그렇지만 사람들의 얼굴에는 특징이 있는데 특별히 입만 커서 눈에 띄고 물고기 입을 하고 있으면 그 사람은 감정에 지배되기 쉬운 성격으로서 일을 감정적으로 처리하려고 하는 사람이라고 생각해도 좋고, 동일한 여건과 환경이라도 긍정적인 얼굴을 하는 사람은 무엇이든 반드시 해내고 말지만 얼굴에 기맥이 빠진 사람은 일이 닥치기도 전에 미리 지고 만다. 운에 지는 것이 아니라 자신의 마음에 지고 말기 때문에 언젠가 운이 들어와도 그것을 잡지 못하는 경우가 많다.

마음이나 정신 속에 부정적인 안테나가 설치된 사람과 긍정적인 안테나가 설치된 사람의 얼굴은 텔레비전 화면처럼 선명하게 구별이 된다. 인상을 볼 때에 가장 중요한 것이 심상을 볼 줄 알아야 한다는 것은 그 사람의 마음속에 어떤 안테나를 설치하고 있는가를 면밀히 살피라는 뜻이다.

얼굴은 자신의 마음가짐의 변화에 따라서 변모해 간다고 하는데 가령 성품이 신경질적인 사람은 그 신경질적인 면이 얼굴에 역력하게 나타나며 매사 태평세월로 호인인 사람은 그 성질이 얼굴표정에도 너그럽게 호인형으로 나타난다.

사람의 운명도 또한 이와 같아서 오랫동안 가난에 쪼들려 고통과 불행 재난이 연속되면 그 상황이 자신도 모르는 사이에 얼굴에 스며들어 빈상(가난한 얼굴상)이 되어 나타난다.

마음속에 품고 있는 것이 얼굴에 거짓 없이 나타나기 때문에 인상을 보면 쉽게 알아 낼 수 있다. 아무리 절박한 현실에 처해 있을

지라도 얼굴에 깨끗한 화면이 나오는 사람은 반드시 해내는 성격에 속하는 인상이다.

인간의 얼굴 각 부위의 특징과 외모를 통하여 과거, 현재, 미래의 심리상태, 건강, 운명 등을 추정 또는 예견하는 학문이다. 우리는 인상학을 미신시하지만 미신이라는 것에 대한 명확한 정의가 필요할 것 같아 풀어보면 미신은

① 미신(迷神: 혼미할 미): 주술적인 방법으로 점을 보는 비과학적 행위

② 과학(科學): 백과사전에서는 어떤 가정 위에서 일정한 인식목적과 합리적인 방법에 의해 세워진 광범위한 체계적 지식이라고 함.

③ 미신(未神: 아닐 미): 아직은 과학적인 방법으로 검증되지 않은 지식을 말하는데 인상학은 여기에 속한다. 우리의 몸에 이상이 발생하면 한의학에서는 우리 몸에 있는 경혈에 침을 놓아 병을 치료하는데 경혈이나 경락을 과학적인 도구인 MRI 나 CT로 촬영이 되지 않는 현상과 같이 아직은 과학이 덜 발달해서 규명하지 못하는 영역의 지식을 말한다.

보이는 세계 vs 보이지 않는 세계

✔ 사람의 얼굴은 하나의 풍경이요, 한 권의 책이다.
얼굴은 결코 거짓말을 하지 않는다

– 발자크 / 프랑스 소설가 1799~1850 –

인상(이미지)이란? 어떤 대상에 대해서 경험이나 지각을 통해서 형성되는 개인의 독특한 느낌으로 상(像), 심상(心像), 영상(映像)이라고 할 수 있으며 인상(이미지)은 심리적, 정신적 상태나 특성, 성격으로 인상(이미지) 형성의 기초가 되는 내적 이미지와 내적인 상태나 특성이 외적으로 나타나는 현상인 외적 이미지로 구분할 수 있다.

인상을 통해서 우리는 상대의 심성, 생각, 심리상태, 욕구, 성격, 유전적 요인 등의 내적 요인과 외모, 행동, 자세, 표정, 교육/훈련, 습관 등의 외적 요인을 판단할 수 있는데 본서는 독자를 점쟁이로 만들려는 의도가 아니라 인상학의 보편타당한 진리를 밝혀 실생활에 보탬을 주고자 하는 것이다.

구 분	보이는 세계	보이지 않는 세계
사 람	육 체	정 신
사 물	외 부	내 부
나 무	줄 기	뿌 리
사 건	원 인	결 과

상대의 보이지 않는 정신상태에 대하여 인상에 표출된 정보를 가지고 보편타당한 진리에 따라 판단하는 데 목적이 있다. 인상은 사회생활에 지대한 영향을 미치며 인상은 인생의 성패를 좌우할 수 있을 정도로 중요하다.

그래서 우리는 좋은 인상을 만들어야 한다(성형으로 고치라는 의미가 아니라 좋은 마음을 만들어 좋은 인상이 되게 하라는 의미).

인상학은 동양인만이 가지고 있는 특별한 지식인데도 현대 학문을 배운 이들이 자기가 인지하지 못하기 때문에 인상학에 의한 인재선발을 폄하하고 있다. 인상학 자체가 약간의 구조적 문제가 있음을 시인하지만 인상학의 장점과 서양학문의 분석학을 조화하여 인재를 선발한다면 지금보다 훨씬 적은 시간과 비용, 인력을 가지고 훨씬 효과적으로 우리 회사에 딱 맞는 맞춤형 인재를 선발할 수 있다.

인상학은 얼굴의 생김, 얼굴에 나타나는 징후(형상, 점, 흉터, 음성, 찰색, 성격, 걸음걸이, 태도 등)를 보고 현재의 상태를 파악할 수 있다. 인상학의 응용 가능한 분야로는 마케팅, 인사관리, 범죄수사, 각종 상담, 이/미용, 디자인 등 여러 분야에서 활용하고 있으며 인상학을 이해하는 사람이 늘어남에 따라 응용범위는 폭넓게 늘어날 것이다.

인상학의 기본

인상은 나름대로 장점이 있는데 우선 얼굴을 보고 성격이나 삶의 흐름을 알 수 있다는 점으로 인재 선발 시 지원자의 감추어진 진실과 잠재된 능력을 밝혀낼 수 있다면 인재의 능력을 발휘하는 데 더욱 효과적일 것이다. 사업을 하는 사람이 거래 상대의 얼굴을 보고 상대의 성격이나 사업운을 알 수 있다면 크게 도움이 될 것이다. 직장생활을 하는 사람이라면 어떨까?

우선 경영자라면 직원의 성격에 맞는 업무를 맡길 수 있을 것이며 팀장이라면 부하 직원에게 업무를 맡길 때 직원이 가장 잘할 수 있는 성격에 맞추어서 지시를 한다면 회사의 업무성과는 매우 효율적이며 모두가 만족하는 결과를 창출할 수 있을 것이다. 또한 프로젝트를 기획할 때 상사의 성격이나 취향을 알 수 있다면 기획안의 방향설정에서 산출물까지 시행착오를 줄일 수 있을 것이며 상호간의 갈등도 줄일 수 있다. 직원은 나름대로 열심히 작성하여 제출했는데 상사의 마음에 들지 않아서 다시 작성해야 한다면 얼마나 맥 빠지는 일이며 낭비인가?

장사를 하거나 사람을 많이 만나는 직업을 가진 사람들은 인상을 어느 정도 볼 수 있다고 말하는데 상인이 장사에 이력이 붙으면 손님이 매장에 들어 설 때 상대가 어떤 직업을 가졌는지, 어떤 취향을 가졌는지, 어떤 스타일의 서비스를 해야 할지 어느 정도 감을 잡고 대응할 수 있으니 고객만족은 자연히 이루어질 것이다.

그것을 판단하는 기준은 손님의 차림새와 행동거지 그리고 사용하는 말과 표정을 보고 판단하게 되는데 인상은 얼굴과 골격, 음성, 기색, 행동 등을 어떤 원칙을 가지고 해석하는 것이다. 단순히 경험만이 아닌 해석원칙이 있어 인상을 보고 성격이 어떻다 하는 것은 얼굴이 어떠한 형태이니 그 사람은 오행의 어떤 기운이 어떠하니 어떻다고 하는 근본이치를 밝게 알아야 한다. 그렇지 않으면 선무당이 사람 잡는 우를 범할 수 있다.

인상을 보는 기본은 무엇인가?

인상을 볼 때 가장 중요한 것은 균형이다. 신체가 균형이 잘 잡혀야 하며 얼굴은 耳目口鼻(이목구비)의 균형이 잘 잡혀야 한다. 이 균형이라는 것이 美의 기준하고는 다르다.

요즈음 미남미녀의 기준은 소위 롱다리이지만 인상학에서는 신체의 어느 한 부분이 다른 부분에 비하여 유달리 길거나 짧으면 균형이 깨진 것으로 본다.

아름다운 외모에 대한 기준은 시대와 유행에 따라서 변하지만 우주와 자연의 법칙은 그리 쉽게 바뀌지 않는데 인상은 자연과 우주의 법칙을 근간으로 하고 있기 때문에 시대나 유행의 미적 기준과는 다른 것이다.

얼굴의 각 부분 명칭

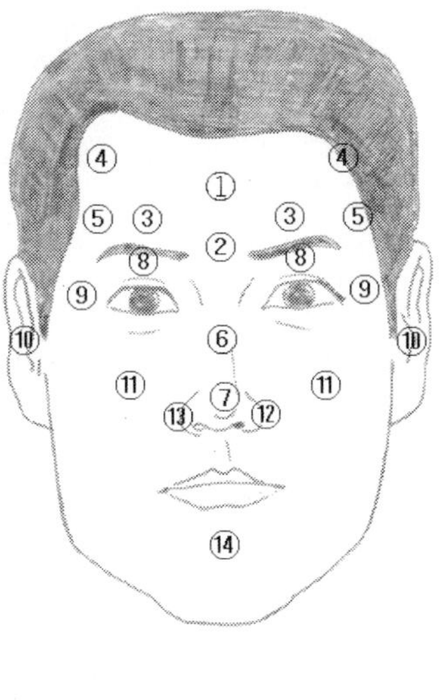

번호	현대	전통
1	직업	관록궁
2	희망	명궁
3	인기	형제궁
4	여행	천이궁
5	복덕	복덕궁
6	질병	질액궁
7	금전	재백궁
8	부동산	전택궁
9	부부	부부궁
10	가문	채청관
11	사회	사회궁
12	지출	난대
13	수입	정위
14	부하	노복궁

삶의 큰 흐름을 읽어내는 법

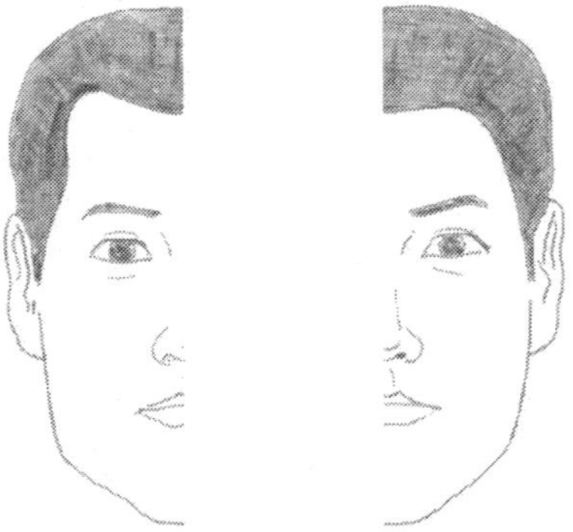

인상을 관찰할 때 가장 먼저 확인해야 할 것은 얼굴의 좌우가 균형이 맞는지를 관찰해야 한다.

얼굴의 좌우가 완전히 동일한 사람은 없다. 그러나 눈에 띌 정도로 차이가 있는지는 관찰해야 한다.

얼굴의 좌측면은 선천적, 우측면은 후천적인 정보가 들어있기 때문이며 여자는 우측면이 선천적, 좌측면이 후천적 정보를 가지고 있다.

三停(삼정)

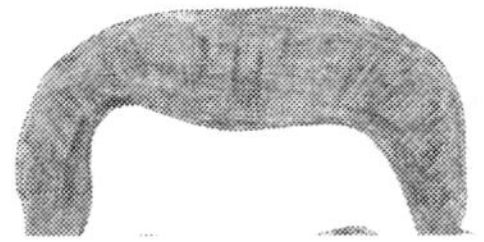

상 정

중 정

하 정

상정과 중정 그리고 하정을 합하여 삼정이라 한다.

1) 上停(상정): 이마 맨 윗부분의 머리카락들이 난 곳과의 경계선 부분에서부터 눈썹까지를 상정이라고 한다.
2) 中停(중정): 눈썹에서 코끝에 살점이 맺혀 있는 부분까지의 부분을 중정이라고 한다.
3) 下停(하정): 코의 바로 아래 인중의 맨 윗부분에서 턱의 맨 아랫부분까지를 하정이라고 한다.

삼정을 보는 법

麻衣相法에 이르기를 "三停(삼정)이 均等(균등)하면 富貴榮顯(부귀영현)"이라고 하였으며 삼정을 보는 방법은 삼정의 길이가 서로 비율이 같은가 본다. 이렇게 삼정의 길이가 균형이 잡혀 있으면 삶도 균형 잡힌 인생을 산다고 생각한다.

삼정에 대하여 좀 더 구체적으로 설명한다면 상정이 길고 중정이 짧거나 아니면 하정이 짧아 얼굴의 균형이 깨지면 이목구비가 단정하더라도 그 복을 제대로 누릴 수 없다고 보며 중정과 하정이 정상적이고 상정인 이마만 세로로 유난히 길어도 균형이 깨진 것으로 본다.

六府(육부) 설명

얼굴에서 육부란 이마의 양쪽과 양 광대뼈 그리고 양쪽 턱 부분의 여섯 부위를 가리키는 것이다.

1) 天倉上府(천창상부): 이마의 양쪽 끝부분을 천창상부라 한다.
2) 官骨中府(관골중부): 양쪽 광대뼈 부위를 관골중부라 한다.
3) 耳骨下府(이골하부): 양쪽 턱 부분을 이골하부라 한다.

六府 보는 법

육부는 모습이 충실하여 꽉 찬 듯하고 꺼지거나 튀어나오지 않아야 좋다. 마의상법에 이르기를 육부가 충실하고 균형이 맞으면 재산이 왕성하다고 하였으며 이마의 양 부위인 천창부위가 꽉 차고 풍성하면 다재록(多財祿)하다.

턱의 양쪽인 지각이 네모진 듯 둥글게 풍성하면 부동산이 많다고 하였는데 이때 전택궁도 같이 참조하여야 한다. 중국의 故 등소평을 보면 얼굴의 육부가 꽉 차 있는 것을 볼 수 있다. 이와 같이 육부의 여섯 군데가 기울거나 빠진 곳이 없이 균형을 이루는 것이 중요하다.

三才(삼재)란?

삼재는 天地人을 의미하는데 인상학에서의 삼재는 이마를 天, 턱을 地, 그리고 코를 人이라 한다. 이마는 하늘이니 이마가 높고 넓으며 평평하고 둥근 것이 좋다 하였고 이마가 잘생기면 貴한 사람이요, 턱은 땅이니 모양이 네모진 듯 넓으면서 잘생기면 부유하고,

코는 사람이니 위에서 아래로 반듯하게 자리 잡아야 하고 모양도 반듯하게 잘생기면 장수한다고 하였다.

삼정, 육부, 삼재는 얼굴을 상하로 삼등분하여 논하는 것이다. 세 곳이 서로 균형을 이루고 풍부하고 반듯해야 하며 색상도 깨끗하고 윤택해야 한다.

相骨(상골)

인상은 얼굴만을 보는 것이 아니라 신체의 여러 가지를 종합하여 보는 것이므로 먼저 뼈와 살에 대하여 설명하면

骨格(골격)

사람의 몸에서 뼈(骨: 골)가 없다면 서서 걸어 다닐 수 없을 것이며 또한 사람의 겉모습이 지금의 모양이 아닐 것이다.

사람의 몸에서 뼈는 신체의 근간이 되는 중요한 역할을 하고 있으며 외부의 물리적인 충격으로부터 뇌와 심장 그리고 중요한 장부(臟腑)들을 보호하는 중요한 역할을 하고 있다. 그 안에 우리의 생명유지에 없어서는 안 되는 骨髓(골수)를 담고 있다.

相法(상법)에서 뼈를 어떻게 보는가?

사람은 소우주라고 한다. 인상을 이야기할 때에 자연과 비교하여

이야기를 많이 하는데 뼈는 산으로 비유하면 땅속에 있는 돌과 금속으로 볼 수 있으므로 높이 솟은 것과 둥근 것은 좋으나 옆으로 퍼진 것과 모가 난 것은 좋지 않다.

산이 비옥한 흙으로 덮여야 나무가 잘 자랄 수 있다. 이렇게 숲을 이루어야 동물들이 깃들어 풍성한 산이 되듯 사람도 살이 적당히 쪄서 후덕해 보여야 복이 있다.

산에 흙이 없어서 암석이 드러난 산엔 흙이 많지 않아서 나무가 잘 자랄 수 없다. 숲이 없으면 그 산에는 동물들이 제대로 깃들어 살 수 없다. 사람의 뼈도 土(토)인 살로 잘 감싸고 있어야 복이 풍성하지 삐쩍 말라서 뼈가 여기저기 드러나 보이는 사람은 복이 없다.

뼈는 둥글고 단단하고 무거워야 하며 각 지고 약한 것과 가벼운 것은 좋지 않다. 건물을 지을 때 골조가 약하다면 자체의 무게를 감당하지 못하고 성수대교처럼 무너질 것이다. 인체의 기둥과 대들보에 속하는 뼈는 당연히 단단하고 묵직해야 하며 각 부위의 뼈가 잘 조화되어야 한다.

사람들은 후덕해야 잘산다고 한다. 실제 적당히 살이 있어야 부자가 된다. 살은 견실해야 하는데 살이 쪘더라도 손으로 잡아봐서 탄력이 있어야지 그냥 늘어진 살이나 탄력이 없이 무른 살, 비곗살은 안 좋다. 비만하게 살이 많이 찌면 부유하기는 하나 단명하다고 하였으며 너무 살이 쪄서 숨을 헉헉댈 정도면 빨리 죽을 징조라 하였다.

그러면 마른 것은 어떨까? 요즘 여성들은 날씬해지고 싶어서 아우성들이다. 어떤 여성복회사에서는 날씬한 여성들만 입을 수 있는 옷만을 만든다고 하는데 수요는 공급을 낳는다. 비만에서 벗어나고자 하는 사람들과 날씬하고자하는 여성들의 욕망을 채워주기 위한 다이어트업종이 성업 중이다. 여성들이 날씬하다는 정도를 넘어 삐쩍 마른 것을 흔히 볼 수 있다. 얼굴과 팔과 다리에 뼈가 앙상해 보일 정도다.

살은 향기로워야 하고 냄새가 나지 않아야 하며 살색이 맑고 깨끗하면서 윤택하여야 한다. 또한 피부가 섬세하고 고와야 하며 피부가 희고 혈색이 좋아야한다. 이런 사람은 귀(貴)한 사람이다. 살이 따뜻하여 차지 않아야 자식에게 좋다.

파리하게 마르고 살색이 어둡고, 피부가 건조해서 거칠고 윤기가 없거나 살이 쪄서 옆으로 삐져나오는 것도 박복하다.

六府(육부)

얼굴에서 육부란 이마의 양쪽과 양 광대뼈 그리고 양쪽 턱 부분의 여섯 부위를 가리키는데 육부는 모습이 충실하여 꽉 찬 듯하고 꺼지거나 튀어나오지 않아야 좋다. 마의 상법에 이르기를 육부가 충실하고 균형이 맞으면 재산이 왕성하다고 하였다. 육부의 여섯 군데가 기울거나 빠진 곳이 없이 균형을 이루어야 한다.

五岳(오악)

인상에서는 자연과의 비교를 많이 하는데 얼굴에서 불룩하게 나온 코 이마 턱 양쪽 광대뼈 부분을 五岳이라 하는데 산의 웅장한 모습에 비유한 오악은 인상학이 중국에서 발달한 관계로 명칭을 중국의 다섯 군데의 산으로 표현한다.

오악명칭부위

東岳(동악) 泰山(태산) 왼쪽 광대뼈
西岳(서악) 華山(화산) 오른쪽 광대뼈
南岳(남악) 衡山(형산) 이마
北岳(북악) 恒山(항산) 턱
中岳(중악) 崇山(숭산) 코

오악은 얼굴에서 다섯 군데 나와 있는 뼈가 웅장한 맛이 있어야 함을 의미한다. 오악은 얼굴의 뼈대이므로 중요한 바탕이며 중악은 중앙에 있으므로 주인이 되는 위치이다. 그러므로 코는 바로 자기 자신을 의미하는 것이므로 사방에 있는 네 군데의 봉우리는 중악인 코를 향하여 조공을 받치는 것처럼 생겨야 좋은 상이다.

만약에 사악이 중악에서 등을 돌리듯 한 형상이라면 그 사람의 인생이 외롭게 될 것이며 오악이 웅장하되 주봉인 코가 사악보다 높이 솟아서 위세가 있어야 한다.

주변의 사악이 주인인 코를 누르는 형세라면 주인이 빈약한 것이므로 귀하게 될 수 없다.

오악 중에 코만 웅장하고 높은데 주변의 사악이 낮고 이마와 턱이 뒤로 물러나고 좌우의 광대뼈도 빈약하여 나오지 않았다면, 고봉독비가 되어 외롭고 가난한 신세가 되는데 자신인 코만 오뚝하므로 흔히 말하듯 콧대(자존심)만 높은 사람이다.

오악의 주봉이 웅장하고 거기에 맞추어 사악이 적당히 웅장하게 잘 보필하듯 자리 잡고 있어야 좋은 상으로 오악 역시 균형이 잘 잡혀 있어야 좋다.

四瀆(사독)

얼굴에 오악이 있어 산이 있었다. 얼굴에 있는 강이나 호수 등은 四瀆을 말하며 瀆자는 도랑 독(전답이나 마을사이를 통하는 수로) 또는 큰 강 독(작은 내의 물이 합쳐져 바다로 흐르는 강)을 의미한다.

부위 사독
귀 江瀆(강독)
눈 河瀆(하독)
코 濟瀆(제독)
입 淮瀆(회독)

사독(四瀆)은 눈, 코, 귀, 입의 네 곳의 물길인데 江이나 河는 강이라는 의미이고 濟는 물 이름 제 자이니 역시 강을 의미한다. 회자 역시 강을 의미하는 것이다. 이 중에서 눈은 아주 중요한 곳인데 눈은 강이라 하면서도 한편으로는 빛나는 태양과 달에 비유하기도 하며 마음이 거하는 곳이기도 하다. 옛말에 몸이 천 냥이면 눈은 구백 냥이라 할 정도로 인상학에서 눈이 차지하는 비중이 높고 중요한 곳이다.

얼굴에서 다섯 군데 나온 곳을 오악이라 하여 산이라 하고, 들어간 네 군데를 강이나 호수 바다에 비유를 하며 이 모두를 포용하고 있는 얼굴을 대지라 한다면 한가운데에 높은 산이 있고 거기에 깊은 샘이 있어 발원하는 강이 제독인 셈이다.

눈에서 시작하여 인중을 거쳐 바다인 입으로 물길이 형성이 되는 것이다. 또한 눈은 호수로 보며 귀는 땅속의 지하수가 흐르듯 우리의 눈, 코, 귀 그리고 입은 하나로 통하여 있는 것이니 서로 통해 있는 운하요, 지하수요, 물길이다.

그러므로 사독에는 항상 물기가 있어야 대지에 농작물과 식물이 풍성한 결실을 맺게 되는 것이며 모든 물길이 모이는 바다가 입이라 하였으니 사람은 입이 잘생겨야 좋다.

또 한 가지, 산과 들 그리고 물길이 있어도 태양이 없으면 어찌 농사를 지을 수 있겠는가? 바로 두 눈이 태양이요 달이니 눈은 밝고 빛나야 하는 것이다. 그러므로 얼굴에서 나와 있는 다섯 곳과 들어가 있는 곳 네 곳과 두 눈이 균형과 조화를 이루어야 농사가 잘되는 것과 같이 풍요로운 인생이 될 수 있다.

오악 사독의 응용

인상에서 五露(오로)라고 하여 다섯 군데가 드러난 것을 나쁘게 보는데

첫째로 눈이 튀어나온 것,

둘째가 귀가 뒤집힌 反耳(반이),

셋째가 콧구멍이 훤히 들여다보이는 것,
넷째가 입술이 뒤집혀 항상 이가 보이는 것,
다섯째로 결후가 불쑥 솟아오른 것.

이 중에 네 가지는 사독과 관련된 부분으로 모두 물을 제대로 담아두지 못 하는 형상인데 오로라고 하여 무조건 다 나쁜 것은 아닌데 눈이 돌출한 듯하여도 눈빛이 맑으면 괜찮고, 귀가 뒤집혔더라도 모양이 흠이 없고, 귓불이 두툼하게 잘 매달려 있으면 괜찮고, 콧구멍이 훤히 들여다보이는 들창코라도 콧방울이 맺히고 색이 맑고 깨끗하면 괜찮고, 입을 벌리고 있더라도 이가 가지런하고 견고하게 생기면 괜찮고, 결후가 많이 솟았다 하더라도 목소리가 좋으면 괜찮은데 오히려 다섯 가지가 모두 갖추어지면 복이 있다.

오악과 사독은 삼정, 육부, 삼재와 더불어 운의 큰 흐름과 사람의 그릇됨을 보는 곳으로 삼정의 길이가 같고 육부가 꽉 찬 사람이 오악이 잘 발달하여 코를 향하여 힘을 보내주고 있고, 사독이 좋은 모양을 하고 있는 것이 제일 좋은 상이다.

점

뾰루지, 기미, 점은 우연히 단순한 피부의 트러블로 생기지 않고 신체 모든 부위가 해당 기관에 이상이 있을 때 보내는 경고신호이므로 관심을 가지고 관찰할 필요가 있다. 점은 살아 있는 점과 죽어 있는 점으로 구분할 수 있다.

1) 살아있는 점:

- 피부 위에 1.5-4.5 밀리 정도로 색깔과 광택이 있는 것이 좋으며 털이 한두 개 있는 것이 좋다.
- 해당 부위의 좋은 의미를 더하는 역할을 한다.
- 여자의 경우는 이마에서 턱에 걸친 중앙 부분에 살아 있는 점은 나쁜 운이 되는 것도 있다.

2) 죽은 점:

- 일종의 얼룩 같은 것으로 색깔도 없고 광택도 없으며 해당 부분에 나타난 나쁜 의미를 나타낸다. 제거할 수 있으면 제거하는 것이 좋다.

十二宮

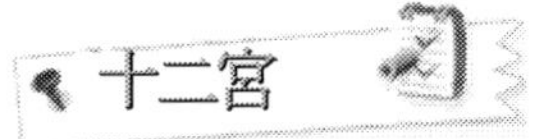

인상은 사람이 살아가는 이야기이다. 사람들이 일반적으로 행복하다고 여기는 것들은 무엇일까? 부모가 장수하는 것, 형제자매 사이에 우애가 있는 것 그리고 자식, 부동산도 제법 있고 금전적인 여유가 있는 것, 확실한 직장이 있거나 탄탄한 사업체를 운영하며 부하를 거느리는 것 등이 있다.

물론 이러한 것만으로 행복해지는 것은 아닌데 사람들은 이러한 것이 갖추어지면 행복하게 산다고 스스로 느끼고 산다.

인상에서 십이궁이란 살아가는 데 필요한 분야별로 상을 보는 법인데 상을 볼 때 십이궁을 잘 활용하면 상대가 사는 모습을 파악할 수 있다. 어떤 사람의 경제적인 부분을 알고 싶다면 재백궁을, 부동산에 대하여 알고 싶으면 전택궁을 살펴보면 된다.

십이궁의 명칭

명궁(命宮), 재백궁(財帛宮), 형제궁(兄弟宮), 전택궁(田宅宮), 남녀궁(男女宮), 노복궁(奴僕宮), 처첩궁(妻妾宮), 질액궁(疾厄宮), 천이궁(遷移宮), 관록궁(官祿宮), 복덕궁(福德宮), 부모궁(父母宮)이다.

상정(초년운)

상정은 지혜의 상징으로 소년시절부터 청년시절까지의 초년운이 이마에 숨겨져 있는데 이마가 발달한 사람은 어려서 부모 밑에서 아무런 근심 없이 공부할 수 있는 탓에 엘리트가 많다. 상정은 타고난 숙명으로 상정이 고운 사람은 선악을 민감하게 판단하고 반성심이 강하며 추리나 창조능력이 풍부하다.

1) 판단기준

■ 이마의 뼈는 높고 넓어야 한다. 거기다가 오주(五柱)의 상이면

천하를 다스린다.

- 간을 엎어 놓은 모양을 매우 귀히 여긴다. 이런 모양에다 빛깔이 맑고 깨끗하면 지위와 명예를 천하에 떨친다.
- 이마의 윗부분이 잘 생기면 선악에 대해 선천적으로 민감하게 반응, 자기 성찰을 통하여 큰 인물이 될 수 있다. 창조력과 추리능력이 풍부해 작가의 길을 가면 성공한다.
- 이마의 가운데부분이 잘생기면 기억력이나 판단력이 우수하다.
- 이마의 아랫부분이 잘생기면 직감력, 관찰력이 우수하다.

2) 상정이 좋으면

① 이마는 윗사람의 덕이 쌓이는 곳으로 이마가 넓고 빛깔이 좋은 사람은 성품이 좋고 그로 인해 손윗사람의 신임을 받는다. 윗사람의 뜻을 살펴 고분고분하게 일을 추진한다.

② 이마 중앙이 튀어나온 사람은 관운이 따르고 직업운이 좋아서 일반회사에 들어가도 상당한 지위에 오를 수 있다. 사업을 해도 큰 재산을 모을 수 있다.

③ M 자형 이마는 독창력이 뛰어나고 사물에 대한 연구심이 강하고 창조력이 있어 미술, 음악, 문학, 등의 분야에서 크게 성공하는 경우가 많다.

④ 각이 진 이마는 불도저형으로 실무능력이 뛰어나고 화려한 맛은 없지만 건실한 생활을 하고 30대 이후에는 사회에서 인정받아 운이 열린다. 단점은 경쟁심이 강하고 한발 앞서 나가려는 성격 때문에 주위 사람들과 사소한 다툼이 있으며 목표를 세우면 물불을 가리지 않고 추진함으로 부작용도 많다.

⑤ 이마에 주름이 3개만 있는 것이 좋으며, 천문은 윗사람과의 관계, 인문은 재운과 건강상태를 보며, 지문은 집안의 운세나 아랫사람과의 관계를 본다. 튀어나온 이마에 바보는 없는데 발달한 이마와 후퇴한 턱은 지성을 나타내며 후퇴한 이마와 발달된 턱은 야성을 나타낸다.

3) 상정이 나쁘면

① 이마에 상처가 있거나 요철이 심하면 어린 시절 불우하게 지낼 운이므로 20대에 해야 할 가정교육, 학업 등에 문제가 있다고 보며 특히 사마귀나 기미, 점, 흠집이 있으면 20대 전후에 큰 고생을 하게 된다.

② 이마가 좁거나 움푹 팬 사람은 윗사람과의 사이가 좋지 않으며 반항심이 강해 동료, 특히 윗사람과 관계가 원만치 못하다.

③ 이마의 한가운데가 움푹 들어간 사람은 공무원은 적당치 않으며 이마의 한가운데가 발달하지 못한 사람은 자수성가를 해야 한다. 부모로부터 큰 재산을 받아도 곧 탕진하여 말년을 가난하게 보낼 상이다.

④ 이마의 흉터는 운을 기울게 하는데 흉터의 위치가 이마에 가까울수록 더욱 나쁘다.

⑤ 둥근 이마는 감정에 치우치기 쉽다(여성형 이마).

천이궁

천이궁에 나타나는 것은 사람의 이동수를 본다. 사람이 한평생을 살면서 이동하는 것에 관한 것들을 예측할 수 있다. 전직 및 이사 전근 또는 여행 등등 현재의 위치에서 벗어난 위치에 해당하는 것들은 모두 볼 수 있다.

그 시기가 다가오게 되면 천이궁의 색이 변화하여 알 수 있게 되며 이곳의 색이 변하게 된다 하여 그 결과가 좋지 않다거나 하는 것은 아니다. 천이궁은 양 이마의 끝부분을 주로 하여 예측하게 되며 이 부분의 색이 변하게 되면 자신의 위치에 이상이 생기게 되니 마음가짐을 단단히 하는 것이 좋다.

1) 좋은 상

① 천이궁이 평평한 편인 사람은 많은 재물로 호강하지는 않으나 남부럽지 않은 생활을 할 수 있으며 원만한 대인관계를 유지하고 사업이나 직장에 있어서도 원만한 사회활동을 한다. 모든 일에 결단성이 있고 책임감이 강하여 어떠한 일을 해도 성공을 할 수 있다. 이동운이 좋아 어느 곳으로 이동한다 하여도 현지인의 도움을 받아 어려움 없이 타지 생활을 할 수 있다.

② 천이궁이 깨끗하고 평평한 사람은 먼 곳으로부터 재물이 들어오고 해외운이 좋아 혹 타항에서 일을 해도 주위 사람으로부터 도움을 받아 곧 발전한다. 관운도 좋은 편이라 공직에 머물러도 일찍 출세할 수 있으며 주위 사람들의 부러움을 사며 외국으로도 많이 나갈 상이다.

③ 천이궁이 두둑하고 풍만한 사람은 영화가 가득하고 직장에 근심이 없다. 하고자 하는 일이 잘 이루어지고 늙도록 선망을 받으며 관운이 좋아서 이동 시마다 영전의 영광을 누린다. 성품이

온순하고 남에게 인덕을 베풀어 좋은 대인관계를 유지해 나간다. 먼 곳으로부터 재물이 들어오고 해외운이 좋아 외지로 이동해도 곧 잘 발전한다.

2) 나쁜 상

① 여행이나 먼 지방과의 거래의 길흉을 나타내므로 색깔이 어두우면 여행지에서 재난을 당할 수 있고, 무역업자라면 거래선을 체크하는 것이 좋다.

② 천이궁에 흉터가 있는 사람은 하고자 하는 일이 뜻대로 되지 않고 사업도 파산할 수 있으며 성격도 원만하지 못하여 대인관계가 좋지 않고 다툼이 많으며 외지에서 머물 것을 찾기보다는 고향이나 부모님 곁에 있어야 약한 이동운을 극복할 수 있다.

③ 천이궁이 울퉁불퉁한 사람은 초년운이 좋지 못하여 부모로부터 보살핌을 제대로 받지 못하며 사업에 실패가 많고 많은 곤경을 치르게 되니 이런 사람은 한 직장에서 오래도록 성실히 일하는 것이 좋다. 이런 사람은 고향을 떠나기보다는 고향에서 도모한다면 일이 순조롭게 풀린다.

④ 천이궁이 낮게 들어간 사람은 평생에 변변한 집을 지니지 못하고 살며 직장에서도 마음의 안정을 얻지 못한다. 적지에서 성공하기 곤란하며 특히 리더로서의 운이 약할 뿐만 아니라 조상에게서 물려받은 재산이나 사업까지도 파경에 빠질 수가 있다. 이런 사람은 이사변동 할수록 운이 더욱 나빠지니 객지에서의 어려운 생활보다는 연고지에서 이동 없이 생활함으로써 막을 수 있다.

중정(중년운)

중정은 사회적 운을 나타내며 중정이 고운 사람은 지식이나 상식이 풍부하고 기억력, 판단력이 뛰어나다.

- 눈, 코, 귀, 광대뼈 부분으로 판단
- 사회에 적응하는 능력
- 코나 광대뼈의 튀어나온 부분으로 실행력이나 돌파력 가늠
- 30～40대 운을 본다.

命宮(명궁)

눈썹과 눈썹 사이에 있는 인당(印堂)이 명궁이다. 마치 오래 사용한 관인처럼 네 귀퉁이가 닳은 네모꼴을 하고 있어서 인당이라고 이름 붙여진 곳이다. 명궁은 십이궁의 우두머리요 나머지 열하나의 궁을 통솔하는 중요한 자리이다.

명궁은 두 눈과 더불어 얼굴에서 중요한 곳으로 명궁이 훌륭한 사람은 좋은 운명을 가지고 태어난 것이다. 명궁에 결함이 있다면 최상의 조건에서 뺄셈의 법칙을 적용해야 한다. 얼굴이 전체적으로 결함이 없어 보이는 사람도 명궁에 문제가 있다면 인생의 전반에 걸쳐 문제가 있게 된다.

1) 관찰법

1) 인당은 넓고 평평하여야 한다. 그러나 너무 좁거나 넓으면 좋

지 않다.

2) 매끄럽고 윤이 나야 한다.

3) 인당 부위에 점이나 흉터가 없어야 한다.

4) 기색이 어둡지 않아야 한다.

5) 눈썹이 서로 붙어 인당을 막는 것은 좋지 않다.

6) 산근이 잘 받쳐 주어야 한다.

2) 좋은 상

① 명궁은 수명을 주관한다.

명궁이 넓고 두툼한 듯 밝고 윤기가 있는 사람은 건강하다.

인당이 좁은 사람은 몸이 약한 경우가 많다.

인당은 마음과 통하는 곳이다.

눈이 마음의 창이라면 인당은 마음의 반영처이다(인당의 형태가 좋고 넓은 사람은 마음이 너그럽고 인당의 아래 산근(山根: 눈과 눈 사이의 코의 뿌리가 되는 부분)이 낮지 않고 가늘지 않아서 인당을 잘 받쳐 주면 정신력이 강하므로 학문에 통달 하게 된다).

② 인당과 직업

인당이 두툼한 사람은 양(陽)적인 특성을 가져서 활동적이다. 정치 경제 스포츠맨 군인 등 각종 활동적인 직업 분야가 적합하다.

인당이 들어간 사람은 음(陰)적인 특성을 가져서 종교, 철학, 예술, 교육 분야가 적합하다.

③ 인당의 색

인당은 피부색이 맑고 윤이 나야 한다고 하였다. 인당을 보아서 색이 맑고 옅은 빨간색은 좋다.

3) 나쁜 상

① 인당이 너무 넓으면 정신력이 해이하여 낭비가 심하다. 경제적인 파탄을 면하려면 절제하는 습관을 들여야 하며 너무 넓은 데에다가 두툼하게 발달하면 오히려 머리가 나쁘다. 모든 것은 적당한 것이 좋다.

② 인당이 너무 나온 것이나 너무 움푹 들어간 것도 좋지 않다. 너무 많이 나올 경우 성격이 너무 강하여 식구들을 억누르는 경우가 있다. 너무 깊은 경우 정신력이 약하여 문제가 생길 수 있으며 건강도 약하여 질병으로 고생 하는 경우도 있고 성격도 자칫 하면 너무 음울해질 수 있으니 사업을 하는 것보다는 직장생활을 하는 것이 좋다.

③ 인당이 좁으면 시야가 좁다(이해심이 부족한 경우가 많다. 인당이 좁다면 전공을 선택할 때 아주 전문화된 특정 분야를 택하는 것이 좋다. 사업을 한다면 크게 생각하지 말고 작으면서도 알차게 운영하는 것이 좋다).

④ 인당이 윤기가 없고 흐리면서 검은색, 탁한 붉은색, 검붉은색, 푸른색 등이 있는 것은 좋지 않은데 운이나 건강이 나쁘다는 것을 나타낸다. 인당이 탁한 붉은색을 띠면 구설(口舌)수가 있으니 말을 조심해야 하고 다른 사람과 시비나 다툼을 조심할 필요가 있다.

⑤ 인당에 세로로 바늘이 매달린 것처럼 가느다란 주름이 있는 것을 현침문 이라고 하는데 현침문이 있으면 고난을 많이 겪게 된다.

재백궁(財帛宮)

코를 재백궁이라 하는데 마의상법에서는 천창(天倉), 지고(地庫), 금갑(金甲), 정조(井조)를 모두 재백이라고 하며 재백궁은 돈과 재물 등의 동산(動産)운을 보는 곳으로 재백궁인 코는 재물이 얼마나 있는가 판단하는 기준이 되는 곳이다. 사람이 살아가는 데 돈이 얼마나 있느냐가 인격 판단의 기준이 될 수는 없다. 그러나 사회생활에서 재물이 많다는 것은 생활을 풍족하게 하고 불편이 없게 해주는 중요한 요소임에는 틀림이 없다.

1) 좋은 상

① 곧고 바른 모양이 좋은데 인당에서 준두까지 콧등이 일직선으로 곧게 내려와서 옆에서 보아도 콧날이 반듯하고 직선의 형태를 이루고 있어야 한다. 삼정에서 중정의 길이의 대부분이 코의 길이인데 얼굴의 거의 삼분의 일 정도가 된다.

② 산근은 인당보다 약간 들어간 듯해야 한다.

③ 콧날과 준두 그리고 난대 정위 모두 살이 풍성한 것이 좋다.

④ 준두(準頭: 코끝)가 둥글고 풍성해야 한다. 코가 인당에서부터 뻗어 내려와 그 기운이 뭉치는 곳이 준두인데 코에서 가장 핵심이 되는 부분으로 이곳에 살이 풍성하여야 재복이 있고 건강하다.

⑤ 양쪽의 콧방울이 두툼하게 받쳐 주어야 하며 코가 견실해도 콧방울이 두툼하지 않으면 주머니가 가볍다.

⑥ 콧구멍이 적당한 크기여야 한다.

⑦ 코의 색이 밝고 윤이 나야 하며 코의 피부는 맑고 깨끗하여야 한다.

⑧ 코에 살이 두둑하게 붙어 있고 코끝이 가지런하며 힘차게 뻗어 내린 사람은 운이 크게 따른다. 인내심이 강하여 시작한 일은 반드시 끝을 내서 성공하며 상사의 신임이 두터워 직장생활을 무난히 할 수 있으며 말년에는 직업 경영인으로 크게 출세할 수 있다.

⑨ 코가 둥글고 산근이 발달하면 통솔력이 강해 많은 부하를 거느린다. 정치를 하면 크게 성공할 수 있으며 작은 모임이라도 중심인물이 된다. 코가 둥글고 산근이 높으면 말년에 큰 재산을 갖고 존경을 받으며 살며 국가의 녹을 먹는 자라면 굉장히 빨리 출세할 운이니 공무원 계통이 좋다.

⑩ 콧등이 곧고 준두가 잘 발달되어 있으며 콧방울이 불록하면 머리가 명석 하고 특히 경제적인 감각이 뛰어나 사업을 하면 언제나 지갑에 돈이 가득 찰 운으로 책임감이 투철해 타인의 신뢰를 받고, 사업에 적성이 맞는다. 형제간의 우애가 두텁고 부모와의 인연도 깊다.

⑪ 콧대가 곡선이면 성격이 싹싹하여 모두 좋아하며 어떤 일이 닥쳐도 직감적으로 판단하고 행동으로 옮겨 실패할 확률도 크지만 일을 시원시원하게 해치운다. 재능이 있으면 리더로서 큰 능력을 발휘하고 아량이 넓어 남의 잘못을 잘 이해하기 때문에 재능까지 갖추었다면 통솔력이 강하다. 자기수양을 많이 한다면 한 조직의 리더로서 큰 역량을 발휘할 수 있다. 재능이 없으면 매우 게으르다.

⑫ 산근이 발달하면 성격도 원만하여 주위에서 도와주는 사람이 많아서 자신이 뜻한 일은 모두 이룰 수 있다. 재산은 자손에게 대를 잇게 되며 가정은 늘 편안하여 재벌도 될 수 있다.

⑬ 콧등이 곧은 사람은 초년이 매우 좋고 좋은 환경에서 자라게 되며 중년에 운이 활짝 열려 만사형통이며 사업을 하면 성공할 운이며 말년은 더욱 풍요롭고 은퇴 후도 사람들에게 영향력이 있으며 담력이 강하다.

2) 나쁜 상

① 좌우로 삐뚤어진 코

② 산근(山根)은 인당보다 약간 들어간 듯해야 하는데 낮은 것은 좋지 않은 형상이며, 반대로 산근이 너무 높아도 좋지 않다.

③ 콧날과 준두 그리고 난대 정위 모두 살이 없다.

④ 준두(準頭: 코끝)가 뾰족하고 살이 없으면 재복이 없다.

⑤ 양쪽 콧방울의 경계가 모호하고 빈약하다.

⑥ 콧구멍이 너무 작으면 구두쇠요, 너무 크고 넓으면 낭비벽으로 파산한다.

⑦ 코의 색이 어둡고 침침하며 주름이나 점 흉터가 있으면 재복이 없고 파란이 많다.

⑧ 산근이 오목하게 들어간 여자는 음탕하다.

⑨ 붉은 코는 사업을 해서는 안 되며 외부적 요인에 의하여 파산할 확률이 높다.

⑩ 코가 휘어 있는 사람은 노름을 좋아한다.

⑪ 코가 길면 고상한 성격으로 통속적인 것을 싫어하고 세속적인

것을 좋아 하지 않으며 이상이 높아 늘 정신적인 것만을 추구하기 때문에 돈 버는 일에는 흥미를 갖지 않는다. 어떻게 보면 거만스럽고 이중인격자같이 보이기도 해 폭넓은 인간관계는 갖지 못하는 타입이다.

⑫ 코가 작은 사람은 소심한 성격이라 될까 안 될까 저울질하다가 시기를 놓치고 실패하는 일이 많으니 직장생활이 가장 좋다.

⑬ 코끝이 산근 부근에서 힘없이 내려오는데 콧방울도 덜 발달된 것이 특징으로 성격은 온화하나 뒤가 물러 항상 일의 마무리를 잘 못 한다.

⑭ 콧등에 뼈가 튀어나온 사람은 콧구멍이 넓으며 살이 별로 없어 코 중간 부분이 튀어나온 부분이 유난히 두드러져 보인다. 성격이 거칠어 남과 다투기를 잘 하고 사소한 일도 주먹으로 해결하려 한다. 불량배 중에 많으며 의리가 없다.

⑮ 콧구멍이 뾰족하고 콧등이 칼날 같고 코 전체에 살이 없으며 콧구멍이 큰 사람은 낭비벽이 있어 재산을 지키지 못하며 성미도 조급하여 손대는 것마다 실패할 운이다.

⑯ 콧구멍이 작은 사람은 소심하고 검소하지만 무슨 일이든 경계하고 화끈하게 행동으로 옮기지 못하여 큰일을 하기에는 부적당하다.

⑰ 코의 길이가 짧은 사람은 성격이 단순하고 소극적이며 사소한 일에 매달리며 큰일을 감당하지 못하며 말이 많고 잔소리가 심한 사람 중에 이런 코가 많다. 이런 사람과 동업을 하면 반드시 뒤탈이 있는데 일이 되고 안 되고를 떠나 작은 이익에 매달리기 때문에 실패한다.

⑱ 콧구멍이 보이는 사람은 성격이 교활하며 이중성격이다.
⑲ 코가 뾰족하면 성격이 강하며 재주는 많지만 운이 따르지 않는다. 사업을 하면 안 되나 학자로는 크게 성공할 수 있다.
⑳ 콧대 부근이 갑자기 돌출되어 있고 코끝이 뾰족하면서도 굽어 있어 흔히 매부리코는 황금만능주의자로서 물욕이 지나치게 강하여 돈 때문이라면 어떤 사람과도 손을 잡는데 대단한 구두쇠인데다가 모든 일을 타산적으로만 처리하기 때문에 친구가 없고 동기간도 멀리하게 된다.

질액궁

질액궁은 평생을 살아가면서 겪을 수 있는 사고나 재난에 관한 것들을 알 수 있으며 이 자리가 좋지 않으면 평생에 재난이 끊이지 않고 항시 질병이나 사고에 시달리게 된다. 질액궁은 항시 상처가 없고 맑은 빛을 띠어야 좋다.

1) 좋은 상

① 질액궁의 높이가 보통인 사람은 성격도 원만한 성격이며 쉽게 모험을 하지 않는 꼼꼼한 면이 있어 안전한 생활을 추구하며 필요 이상의 지출을 하지 않고 알뜰한 생활로 재물도 많이 모은다. 또한 몸이 건강하여 강한 체력을 갖고 있다.
② 질액궁이 높은 사람은 문장력이 좋으며 오복을 두루 갖추고 산다. 조상의 녹이 많으려니와 일생을 건강하게 지낸다. 예능적으로도 좋은 능력이 있어 잘 관리하면 세계적으로 이름을 빛

낼 것이다. 콧대까지 풍만하다면 복록을 누리며 살아간다.

2) 나쁜 상

① 질액궁이 넓은 사람은 조혼하기 쉽고 여성의 경우 남편 복이 없다. 큰 액과 질병이 없다고 몸을 혹사시키지 말고 몸을 잘 관리하여 건강한 몸을 유지해야 한다.

② 질액궁에 흉터가 있는 사람은 부모의 덕이 없고 형제간의 덕도 없어 고향을 떠나 외로이 홀로 노력하며 살아간다. 잦은 병치레로 고생을 할 수 있으므로 항상 수양과 주의가 필요하다.

③ 질액궁이 낮게 들어간 사람은 수양과 주의로써 몸을 잘 관리하여 항상 해를 줄이고 재난을 피하도록 노력해야 하며 건강은 숙환으로 고생할 수 있으므로 항상 건강에 신경을 써야 하며 정신적 과로를 피해야 한다.

④ 질액궁의 뼈가 볼록하게 튀어나온 사람은 평생 고역이 그치지 않으며 신병과 고생이 그치지 않고 한 가지 일을 이루기 어렵다. 뜻하지 않은 사고로 불구가 되거나 사업에서 크게 무너져 평생 고난을 겪게 되지만 신경질적인 성격을 자제할 수 있다면 성공할 수 있다.

형제궁(兄弟宮)

형제궁에서 형제간의 운을 보는데 평생을 살면서 피를 나눈 형제간의 관계가 중요한 것이 사실이다. 어느 누구보다도 내게 힘이 되어 줄 수 있는 사람들이기 때문이다.

1) 좋은 상

① 눈썹이 길면 부모복이 좋다.

② 눈썹이 짙은 사람은 대를 잇는다.

③ 눈썹이 옅은 사람은 말재주가 있다.

④ 눈썹이 일직선인 사람은 마음도 일직선이며 관운이 있다.

⑤ 초승달의 눈썹은 정서적으로 예술 방면으로 나가면 크게 성공한다.

⑥ 팔자형의 사람은 빈틈이 없다.

⑦ 삼각형의 눈썹은 활동적인 돌격형으로 귀한 상이다.

⑧ 용두호미의 눈썹은 존대하다.

⑨ 웃을 때 눈썹이 오르는 사람은 마음이 좋다.

⑩ 미간이 넓으면 일찍 성공한다.

⑪ 눈썹이 평평하고 숱이 적은 사람은 명예를 얻는다.

⑫ 눈썹이 많은 사람은 리더의 자질이 있다.

⑬ 눈썹 숱이 긴 사람은 재산운과 부모운이 있다.

⑭ 눈썹 끝이 길게 난 사람은 신의가 있다.

⑮ 눈썹 끝이 말린 사람은 문무를 겸한다.

⑯ 눈썹 빛이 깨끗하면 재산운이 따른다.

⑰ 눈썹 두덩이 높으면 개성이 강하고 낮은 사람은 행동보다는 사색을 즐기는 편으로 사물을 분석하고 그 근원을 추적하는 철학적인 면이 강하다.

⑱ 눈으로 직업의 적성을 판단

- 콧방울이 두툼하게 직선적이고 굵은 눈썹: 지도자 타입, 불요불굴로 결단력이 뛰어나서 종교계, 실업계, 경찰관, 군인 등 남성적인 직업

- 긴 눈썹에 미골이 발달한 사람: 수리에 밝고 규율도 잘 지키며 세무사, 수학자, 엔지니어, 이공계통이 적합하다.
- 눈썹이 야성적으로 거칠고 굵으면 육체와 활력을 자본으로 체력이 필요한 생산공장, 기술자, 노동자 등이 좋다.
- 부드럽고 가냘픈 눈썹은 사무계통이나 예술 방면이 좋다.

2) 나쁜 상

① 짧은 사람은 부모복이 없다.
② 좌우의 높이가 다른 사람은 자기 본위다.
③ 무장형의 눈썹은 자기주장만 내세우는 억지파이다.
④ 역모의 눈썹은 작은 일에 신경 쓰다 큰일을 놓치는 상으로 화를 잘 낸다.
⑤ 웃을 때 우는 눈썹이 되는 사람은 불행하다.
⑥ 언제나 눈썹뿌리를 모으고 있는 사람은 병약하다.
⑦ 자연스럽게 눈썹이 흩어지는 것은 흉조다.
⑧ 2층 눈썹은 형제간의 재산을 없앨 운이다.
⑨ 눈썹의 양끝이 대조적인 사람은 일찍 결혼하는 것이 좋다.
⑩ 팔자 눈썹은 부부운이 없다.
⑨ 중간에 숱이 없는 눈썹은 굴곡이 심하다.
⑩ 눈썹 중간이 끊긴 사람은 말년이 고독하다.
⑪ 눈썹결이 어지러운 사람은 난폭하다.
⑫ 눈썹 끝이 처지면 마음이 약하다.
⑬ 눈썹이 눈을 누르면 거짓말을 잘한다.

전택궁(田宅宮)

전택궁은 전원과 주택 등의 부동산을 보는 곳으로 천창과 지고 부분을 같이 보아야 하며 눈썹은 높은 것이 좋다. 눈꺼풀 부분의 피부에 윤기가 있고 색이 밝은 것이 좋으며 전택궁을 볼 때는 눈썹이 높다고 해서 부동산을 많이 갖게 되는 것은 아니며 눈의 모양과 눈빛이 우선 갖추어져야 한다.

1) 좋은 상

① 전택궁이 보통 넓이이고 깨끗한 사람은 부모로부터 어느 정도의 기본 재물을 물려받고, 성실한 생활이 재물을 늘려준다. 고집스러운 면이 있어 타인으로부터 가끔 원망도 듣지만, 인정이 많아서 이런 상황을 잘 극복하며 가족을 중요시하여 행복한 가정생활을 한다.

② 전택궁이 넓은 사람은 일생을 좋은 주택에서 행복하게 지낼 수 있다. 심성도 착하고 인정도 많은 사람이다. 종교를 숭앙하며 신앙심이 두터운 사람이 많다.

③ 전택이 넓으면 인기인이 된다(단, 살집이 엷으면 이용당한다).

2) 나쁜 상

① 전택궁이 불그스름하거나 부어 있는 사람은 모든 일에 자기주장을 내세우고 독단적인 행동을 하여 주위로부터 원성을 듣는다.

② 전택궁이 오목하게 들어간 사람은 건강이 좋지 않고 마음의

안정을 갖지 못하여 거처할 곳마저 걱정하고 생활에 실패한다.

③ 전택궁이 좁은 사람은 어려서부터 끈기가 없어 고생이 많고 되는 일이 없다.

눈

눈은 마음의 창이라는 말과 같이 그 사람의 정신상태와 건강 등을 알 수 있다. 눈에 빛이 날수록 하고자 하는 입장이 강하고 높은 위치에 있는 사람이나 부유한 사람의 경우 눈을 보면 예리한 빛을 가지고 있고, 반대로 눈에 초점이 없는 사람의 경우 건강 상태가 상당히 나쁘거나 안정된 생활을 하지 못한다.

1) 좋은 상

① 눈은 갸름하고 길고 부드러운 곡선으로 이루어져야 하는데 봉(鳳)과 같은 길고 수려한 눈(眼)에 눈썹이 높으면 재산(財産)이 풍성해진다.

② 눈빛이 빛나고 윤기가 있어야 하는데 눈은 태양과 달에 비유하므로 눈은 빛이 나야 한다.

③ 흰 눈동자의 색이 희고 윤기가 있어야 하며 흰 눈동자와 검은 눈동자가 분명해야 한다.

④ 눈동자가 작고 옻칠한 것처럼 아주 검고 빛이 있는 것이 좋으며 평생토록 사업이 번창하고 재복이 강하다.

⑤ 두 눈에 광채가 나면 귀인이다.

⑥ 쌍꺼풀은 화려하고 인기가 있다.

⑦ 큰 눈은 여자를 잘 다룬다.
⑧ 눈이 작은 사람은 착실하고 건실하다.
⑨ 눈이 긴 사람은 지혜롭다.
⑩ 소처럼 생긴 눈은 끈기가 있다.
⑪ 쌍꺼풀이 위아래 두 개가 있으면 리더십이 강하다.
⑫ 언제나 웃는 눈은 용서를 잘 한다.
⑬ 눈은 큰 편이나 눈동자가 작은 사람은 희생정신이 강하다.
⑭ 검은 눈동자와 흰자위가 분명하면 이상이 높다.
⑮ 속눈썹이 많은 사람은 판단력이 정확하다.

2) 나쁜 상

① 눈에서 가장 꺼리는 것이 붉은 핏줄이 검은 눈동자에 침범하는 것인데 재산을 탕진하고, 재산을 모으기 어렵다.
② 눈동자가 말라 있거나 붉게 충혈되면 재산을 지키기 어렵다. 일시적인 피로로 인한 충혈은 큰 문제가 없다.
③ 눈빛이 없고 몽롱하거나 취한 것 같은 눈은 부동산을 얻기 어렵다.
④ 눈동자에 검은 점이나 흠이 있으면 주거가 불안정하여 이사를 자주 다니게 된다.
⑤ 눈이 충혈되거나 색이 탁하게 되면 재산상의 어려움이 생긴다.
⑥ 양쪽 눈이 다르게 생기고 눈동자가 돌출하면 재산이 있더라도 보전하기 어렵고 재산이 흩어지게 된다.
⑦ 천창과 지고에 결함이 있는 사람은 재산을 얻기 어렵다.
⑧ 좌우가 가지런하지 않은 눈은 금실이 나쁘다.

⑨ 우묵한 눈은 대인관계에 서투르다.
⑩ 갈색의 눈은 명랑하지만 경솔하다.
⑪ 검은 눈의 사람은 순정파이고 정열가이다.
⑫ 아래 삼백안은 굉장한 집념가이다.
- 위 삼백안은 간교한 지혜가 있으며
- 사백안과 삼백안은 흉상이다.

⑬ 미간이 좁으면 대기만성형이다.
⑭ 눈이 좌우로 흔들리는 사람은 경계심이 강하다.
⑮ 흐리멍덩한 사람은 오관이 둔하다.
⑯ 웃지 않는 눈은 마음이 차다.
⑰ 외겹 눈꺼풀의 사람은 소심하고 인내심이 강하다.
⑱ 좌우가 다른 눈꺼풀은 이중인격자다.
⑲ 두 눈의 크기가 서로 다르면 배다른 형제가 있다.
⑳ 좌우의 눈이 다르면 남의 흉을 잘 본다.
- 눈이 튀어나온 사람은 돈 씀씀이가 헤프다.
- 세모꼴의 눈은 질투가 강하다.
- 흰자위가 붉은 빛을 띠면 용두사미의 성격이다.
- 갈색 눈은 다재다능하지만 인간미가 없다.

남녀궁

누당이라고 하며 남녀관계를 알 수가 있으며 특히 색깔이 중요한데 푸른색의 빛을 띠는 경우 이성에 관하여 신경을 쓰고 있음을 뜻하고 붉은 혈색을 띠게 될 경우 좋은 관계가 지속되고 있음을 말해

주는 것이 된다. 혼사에 있어서도 이곳의 기운을 살펴 그 혼사의 성사 여부와 길흉 여부를 알 수 있으니 붉은 계열의 빛을 띠는 경우는 좋은 혼사라고 볼 수 있으나 어두운 빛을 띠는 경우 흉한 혼사로 예측한다.

1) 좋은 상

① 누당에 살이 볼록하게 솟은 사람은 부부 사이가 좋고 사회적으로도 대단히 정력적으로 활동한다.

2) 나쁜 상

① 누당에 살이 없으면 과도한 섹스로 체력을 낭비한 것이니 조심해야 하며 검은 빛을 띠면 과도한 섹스로 건강이 나쁨을 나타낸다.

② 여자는 이곳이 볼록하면 성적인 욕구가 매우 강하여 약한 남자가 이런 여자를 만나면 중년기에 파탄하게 된다.

처첩궁(妻妾宮)

양쪽 눈 끝 부분이 처첩궁인데 눈 끝 부분의 눈의 윗선과 아랫선이 만나는 어미(魚尾) 부분에서 그 바깥쪽이 남녀궁인 간문(奸門)이며 배우자와 이성 문제를 본다.

1) 좋은 상

① 평평하고 꺼지지 않고 살이 두터우며 피부가 맑고 윤기가 있으면 훌륭한 배우자와 결혼하게 되고 부부의 사이가 좋다. 그리고 코와 관골(광대뼈)이 조화를 잘 이루면 결혼 후 재산이 늘어난다. 청소년기에 이성과 교제를 많이 하는 사람은 대개 간문 부위가 평평하고 풍만하다. 간문이 들어간 사람들은 중매나 소개로 결혼하는 경우가 많다.

② 처첩궁이 볼록하게 살이 있는 사람은 아들을 많이 두고 모두 번성하여 자식복이 있으며, 자식이 부모의 기대에 맞추어 성장해 나가며 사회적으로 인정받는 지위에 오르게 되고 자식으로 인한 걱정이 없으며 자득여산이라 하여 자녀를 많이 두고 모두 효자로 효도한다.

③ 처첩궁이 평평하면서 살이 있는 사람은 자손이 번성하며 자손이 두뇌가 명석하고 사회적으로 인정받는 큰 인물이 된다.

④ 처첩궁이 평평한 사람은 자식이 많지 않지만 적은 자식이나마 부모의 기대에 부응하여 성장하지만 잦은 잔병치레로 작은 걱정을 끼치게 된다.

2) 나쁜 상

① 간문이 너무 깊이 들어가 있으면 결혼운이 좋지 않다.

② 살이 없고 얇은 것은 이성 교제에 관심이 없는 편이다.

③ 탁하거나 어두운 것은 좋지 않은데 미혼 남녀의 경우 우연히 교제를 시작하거나 소개 등으로 이성을 만나게 될 때에 간문

부위가 맑고 밝으면 좋은 상대를 만난다. 선을 보러 나가는 사람의 간문의 기색이 좋지 않으면 좋은 사람을 만날 수 없다. 기혼자의 경우 간문의 기색이 좋지 않을 경우 부부 사이에 문제가 있다.

④ 주름이 어지럽거나 점, 흉터 등이 있는 것은 좋지 않다. 검은 사마귀에 주름이 많으면 외정(外情)이 많아서 이성으로 인한 곤란을 겪게 되는 경우가 생길 수 있으므로 조심해야 한다.

⑤ 처첩궁이 깊이 들어간 사람은 성적 과로와 성병 장애를 의미하므로 좋은 자녀와 인연이 없어 고단해지므로 자식에게 의존하려는 마음을 버려야 한다.

귀

귀는 두뇌의 활동을 나타내며 뇌의 모양과 비슷하다 그래서 뇌의 작용을 돕기도 하는데 귀는 선조나 부모로부터 받은 유전적인 특징이 잘 나타나서 어린 시절의 생활을 엿볼 수 있으며, 귀의 크기는 눈썹의 선을 일직선으로 긋고 코의 밑 부분을 일직선으로 그어 기준으로 귀가 크면 마음도 넓고 지혜도 있으며 귀가 작으면 뜻이 작고 마음도 좁다.

1) 좋은 상

① 귀는 윤곽과 선이 분명하고 귓불이 구슬이 달린 모양이면 일생 동안 어질고 정의롭게 산다.

② 귀가 잘생기고 턱이 잘 발달하면 명예와 지위를 크게 떨치게

된다.

③ 귀에 살이 많이 붙어 있고 귓바퀴의 선이 분명하고 전체의 색깔이 붉으면 부귀와 영화를 누리게 된다.

④ 귀에 긴 털이 나면 장수한다.

⑤ 귀가 얼굴빛보다 더 흰색이면 명예가 오른다.

⑥ 귓불이 구슬이 달린 것처럼 살이 많고 귀가 입을 향해 있는 자세를 하고 있으면 재물이 많고 영화를 누리게 된다.

⑦ 살집이 두터운 귀는 복이 있다.

⑧ 귀가 크면 주의가 깊다

⑨ 귀가 정면에서 보이지 않는 사람은 리더의 상이다.

2) 나쁜 상

① 살집이 엷으면 불운하다.

② 귀가 작으면 감정적이다.

③ 귓불이 없는 사람은 돈과 인연이 없다.

④ 귀가 뒤집힌 모양이면 인정이 없고 하는 일마다 되는 법이 없다.

⑤ 귀가 얇으면 늘 먹는 것에 대해 부족함을 느낀다.

⑥ 귓구멍이 작고 좁으면 명이 짧다.

⑦ 귀의 빛깔이 푸른색이거나 검은빛이 돌면 타향에서 큰 고생을 하게 될 운이다.

⑧ 귓바퀴가 뒤로 뒤집혀지거나 엷으면 가난하게 산다.

⑨ 귀의 위가 뾰족하면 마음이 독하고 귀의 아래가 뾰족하면 마음이 불량하다.

⑩ 귓구멍 근처에 사마귀가 있으면 귀를 멀게 한다.

⑪ 남자의 귀가 작으면 여자의 마음을 갖기 때문에 이상이 작고 뜻이 높지 못하고 성격까지 여려 큰일을 하지 못한다.
⑫ 귓불이 빈약하면 신경질이 많다.
⑬ 귀의 두께가 얇으면 유약한 성격이다.
⑭ 귀가 작고 위치가 너무 높게 있으면 사기꾼이다.
⑮ 귀가 뒤집힌 모양이면 파산한다.
⑯ 양쪽 귀가 불균형이면 금전운이 없다.
⑰ 귀가 얼굴을 향해 있으면 자수성가 한다.

하정(만년운)

하정은 50세 이후의 만년을 나타내며 하정이 고운 사람은 직감력, 관찰력, 실행력이 풍부하다.

-50대 이후의 운
-입, 턱 부분으로 판단

인 중

인중의 길고 짧음을 보고 수명을 예상한다.

1) 좋은 상

① 인중이 길고 입술이 단정한 사람은 정신적으로 매우 안정된 생활을 누리고 장수한다.

② 얇고 넓은 사람은 대단히 좋다. 자신이 추구하는 일은 거의 목표를 이룬다.

③ 인중은 아래로 내려오면서 차츰 넓어지는 것이 좋은 인중으로 생활력이 강하다.

④ 인중의 빛깔이 맑고 깨끗하면 평생 동안 의식주 걱정을 하지 않는다.

2) 나쁜 상

① 인중이 짧은 사람은 수명도 짧고 재산운도 없고 이상이 낮아 크게 출세할 수 없다.

② 인중은 정신적인 면과 깊은 관계를 가지고 있는데 깊으면 정신적으로 긴 장하는 타입으로 소신껏 일을 추진하지 못하고 일마다 뜻대로 되지 않아 좌절하기 쉽다.

③ 인중의 가운데가 항아리 모양으로 가운데가 넓으면 평생 잔병치레로 고독할 상이다.

④ 인중이 위가 넓고 아래가 좁은 사람은 성격이 소심하고 겁이 많다.

⑤ 인중선이 희미하면 자식과 인연이 없고 양자를 둘 운으로 사회적으로는 좋은 일을 많이 하며 사회복지 사업에 투신하여 사회의 어두운 부분에서 묵묵히 일을 하게 될 운이다.

⑥ 인중에 가로금이 있으면 신용이 없고 타인을 조금도 돕지 않는다.

입

입은 여자와 남자를 보는 시각이 다른데 남자는 큰 입을 이롭다고 보며 여자는 작은 것을 기본으로 한다. 또한 색감은 붉을수록 좋다고 하며 입에서 보는 것은 사람의 성실도를 판단하게 된다. 부부운, 금전운 등 모든 것을 포함하는 생활력과 일에 대한 추진력 및 성실성을 보게 되므로 진할수록 좋다.

1) 좋은 상

① 입술의 윤곽이 뚜렷하면 가정이 화목하고 정신적으로 안정된 집안에서 출생, 결혼 후도 가정을 잘 꾸려 나간다.

② 귀한 사람은 입술이 붉은 빛이며 四자의 입은 신용이 좋아 부귀가 따른다.

③ 입이 크면 성격이 호탕하고 남성적인 성격으로 행동력과 결단력이 뛰어나고 리더십이 강하며 음성이 뚜렷하고 크고 웅변적으로 말하여 설득력이 있다.

④ 입술 끝이 올라간 사람은 언제나 미소를 띠고 있는 것 같아 호감을 받는다.

⑤ 입술이 두둑하고 윗입술이 활모양이면 성격이 대담하고 의지력이 강하고 통솔력이 뛰어나고 머리가 총명하여 순간적인 판단이 빠르고 정확하다.

⑥ 입술이 길고 인중이 잘 발달되어 있으며 특히 입술 끝이 뚜렷하게 보이는 것이 특징으로 일을 처리함에 비정할 정도로 명쾌하고 합리적으로 처리한다.

⑦ 양 입술이 두둑하면 성격이 대담하여 사소한 일에 놀라지 않고 못 본 척 넘긴다. 대장부 성격으로 관대하여 따르는 이가 많으며 리더십도 강하여 통솔하는 재주가 있다.

⑧ 입술이 가지런하고 이가 전혀 밖으로 나오지 않고 입술 끝이 각이 잘 지어 있는 사람은 끈기가 있어 극기심이 매우 강하고 그로 인해 큰 재산을 얻을 상이다.

⑨ 아랫입술과 윗입술이 두텁고 얼굴색이 약간 황토색인 사람은 태어날 때부터 친절한 성격이며 정에 몹시 약해 매우 인간적이며 용서하는 마음이 깊어서 주변에 사람이 많고 서로 도움을 주고받는다.

2) 나쁜 상

① 입이 검푸르면 가난하고 천한 상으로 기거할 집도 없다.

② 입술의 끝이 엷으면 남의 흉을 잘 보고 훼방 놓는 일이 많다.

③ 입술에 선이 많으면 나쁜 상이며 입술에 川자 모양으로 주름이 있으면 굶어 죽을 상이다.

④ 입 모양이 뾰족하면 자손이 귀할 상이다.

⑤ 입이 작으면 소심하고 생활력이 약하며 투쟁심이 없다.

⑥ 윗입술이 아랫입술 안쪽으로 말려 들어가 입술 끝이 처진 사람은 심술이 사납고 남에게 시비를 잘 걸며 심성이 거만하고 신경질적이라 주변에 사람이 없고 진정으로 대해 주지 않는다.

⑦ 입술에 주름이 많은 사람은 목소리는 매우 여성적인 특징이며 친구를 초청하여 놀기를 좋아하고 사교적이라 입에 발린 덕담을 잘하지만 향략적이다.

⑧ 입술이 튀어나온 사람은 야성적이며 생활력이 강하고 아집이 너무 강해 자기주장을 강하게 내세우므로 실패할 확률이 매우 높다.

⑨ 아랫입술이 나온 사람은 아랫입술은 자신의 개성을 나타내는데 개성이 강해 남과 사귀기 힘들고 윗사람과 뜻이 맞지 않아 직장을 자주 옮긴다. 하극상의 상이다.

⑩ 윗입술이 길고 두툼하면 맹목적인 사랑에 빠지기 쉽다.

⑪ 입술이 둥근 모습이고 입술의 양끝이 넓고 약간 아래로 처진 메기의 입처럼 생겼으며 개성이 없어 늘 남의 말을 잘 듣고 자기주장이 없으므로 한 조직의 일원으로는 문제가 없으나 독립하여 사업을 하면 실패한다.

⑫ 입술이 검붉은 사람은 대체로 음란하다. 머릿속이 늘 복잡하고 가정에 큰 불화가 있으니 남녀문제에 조심해야 하며 너무 붉은 입술은 천식에 걸리기 쉽다

⑬ 윗입술이 너무 얇으면 성질이 난폭하고 아랫입술이 너무 얇으면 실언을 잘 한다.

이

좋은 이는 좋은 첫인상을 만들며 32개의 치아가 모두 고르고 튼튼하면 무척 건강하며 정력도 좋다.

1) 좋은 상

① 이는 가지런한 것을 최고로 치는데 웃을 때 잇몸이 드러나면 음감이 뛰어나다.

② 가수는 입이 크고 치열이 고르다. 음감이 발달한 사람은 얼굴의 눈, 코, 입이 다 크고 반듯하며 이가 가지런하고 웃을 때

잇몸이 드러난다.

③ 옥니는 소극적인 성격으로 남의 앞에 잘 나서지 않고 뒤에서 일을 꾸미는 모사꾼으로 대기업에서 참모의 역할을 잘할 수 있는 사람이다.

④ 앞니가 유난히 큰 여자는 모든 일에 열중하고 자신의 일을 남에게 미루지 않고 남자에 대해서도 적극적이며 생활 전반에서 남자를 리드한다.

2) 나쁜 상

① 치열이 고르지 않고 뻐드렁이에 범죄자가 많다.

② 입을 다물어도 이빨이 약간 보일 정도로 긴 사람 중에는 소극적인 사람이 거의 없으며 색정문제를 일으킬 소지가 있으니 주의해야 한다.

③ 뻐드렁니는 대개 말이 많고, 격식을 차리지 않고 말하는 요즘 세상에 별로 달갑지 않은 사람이며 비밀을 지키지 못한다.

④ 이가 검은 남자는 입술의 색깔도 거무스름하며 음란하고 여자를 농락한다.

⑤ 앞니가 11자로 벌어져 있으면 참을성이 없고 큰일을 못 할 상으로 교통사고를 조심해야 한다.

⑥ 앞니의 한쪽 끝이 떨어져 나가면 학교, 직장 혹은 다른 이유로 부모의 곁을 떠날 때가 온 것이다.

⑦ 앞니는 사각형이 정상인데 송곳니처럼 뾰족하면 성격이 난폭하고 배신한다.

⑧ 앞니가 옆으로 휘어 나 있으면 허풍쟁이로 처음에는 근처에

사람이 많지만 내막을 알고는 멀리하며 인간관계가 나쁘다.

⑨ 앞니가 약간 겹쳐난 사람은 모욕을 끝끝내 되씹는 무서운 사람으로 집념이 강하다.

⑩ 입에 비해서 이빨이 눈에 띄게 작은 사람은 이기적으로 재산을 많이 모으는 경우가 있지만 조잔한 구두쇠다.

⑪ 앞니가 세 개면 공짜를 좋아하고 도벽이 있으며 지나치게 성감이 발달하여 성적 문제가 생길 소지가 있다.

⑫ 이가 성글면 금전운이 나쁘고 끈기도 부족하여 마무리를 잘 못한다.

법 령

법령은 사회활동으로 지위나 수입을 얼마나 얻을 수 있는가를 나타내며 지위가 확립됨에 따라서 뚜렷하게 새겨지는 것으로 길면 그만큼 수명도 길고 안정된 생활을 오래 누릴 수 있다.

1) 좋은 상

① 금갑(콧방울)이 발달한 사람은 대개 법령이 넓고 따라서 식록이 넓어서 재산을 크게 모은다.

② 법령이 깊고 바르게 생긴 남자는 사업운이 좋아서 자수성가한다.

③ 여자가 법령이 깊으면 혹 남편을 부양해야 할지는 몰라도 사회적으로 자신의 능력을 십분 발휘하고 인정받으며 사는 타입으로 사회성이 좋다.

④ 법령은 끝머리가 기세가 좋은 것을 최고로 치는데 이런 사람은 무슨 직업을 가지든 의지가 강하고 연구심이 있어서 수입

도 늘고 부하도 많다.

2) 나쁜 상

① 법령의 길이나 구부러진 형태가 다르면 의지가 부족하여 직업을 자주 바꾼다.

② 법령 끝에 경사가 심하면 낭비벽을 조심해야 한다.

③ 법령의 전체 모양은 바르더라도 말단에 와서 아래쪽으로 경사가 심하면 처음에는 재물운이 좋다가도 점점 쇠퇴하는 운이다.

④ 법령의 끝이 입으로 흘러드는 상이면 의지력이 약하고 활동력도 부족한 사람으로 이런 증상이 나타나면 사고습관을 바꾸어 늘 웃고 있으면 최소한 아사(굶어 죽는)할 상은 면한다.

⑤ 법령에 윤기가 돌 때는 운이 상승하고 빛이 탁해지거나 기미가 생기면 하는 일마다 실패하게 된다.

볼, 광대

광대뼈는 사회에서의 활동력이나 투쟁력을 시사하는데 광대뼈가 발달해 있으면 활동적이다. 볼의 살은 금전운, 자식운, 후배나 아랫사람의 운이 나타낸다.

1) 좋은 상

① 볼이 통통해야 하며 정상적인 상은 광대뼈가 약간 나와야 좋은 상이다.

2) 나쁜 상

① 광대뼈의 발달이 부족하여 눈 아래쪽이 평평한 사람은 활동력이 부족하여 사회에 진출해도 성공하기 어려워 배우자에게 의탁해야 한다.

② 여자가 광대뼈가 지나치게 높으면 사회적인 욕구가 강해 가정에서는 남편과 자주 문제를 일으키며 헤어질 가능성이 크지만 혼자 살게 되더라도 능력을 인정받는 커리어우먼으로 당당하게 성공한다.

③ 볼에 살집이 없이 눈 아래에서부터 턱까지 평평한 것은 현대적인 상으로 보이지만 인상학적으로는 나쁜 상으로 인덕이 없고 차분한 성격으로 부지런히 일을 하는 타입이기는 하나 너무 고지식하거나 지나치게 엄격하여 타인과의 관계가 원만치 못하여 학자나 참모역이 좋다.

노복궁(노복(奴僕)이란 부하, 아랫사람을 말한다)

남에게 부림을 받게 되든지 아니면 남을 부리며 살게 되는지를 판단하게 되며 나를 둘러싸고 있는 사회관계를 가늠하며 흔히 볼때기라고 하는 부분이다.

1) 좋은 상

부하운의 길흉을 보게 되는데 적당히 도톰하고 발그스레한 것을 좋은 것으로 본다.

① 턱이 둥글고 원만한 사람은 성격도 원만하며 아무하고나 잘 사귀고 여러 사람의 도움을 받아 모든 일이 순조롭게 된다. 재물운도 넉넉하여 풍족한 생활이 계속되고, 출세를 거듭하며 부귀영화를 누린다. 부하운도 좋아 아랫사람 때문에 큰 어려움을 겪지 않고 직원을 여럿 두는 자영업을 해도 무난하다.
② 턱이 각이 지고 살이 넉넉한 사람은 사회적으로 선망의 대상이 되며 재물운도 넉넉하여 순조로운 생활을 할 수 있으나 날카롭고 예민한 성격으로 모든 일을 잘 처리해 나가지만, 때로는 신경질적인 면 때문에 오해의 여지가 생길 수 있다.
③ 턱이 둥글고 살이 넉넉한 사람은 권도가 있고 수완과 통솔력이 뛰어나 사람을 다루는 데 천재적인 소질이 있으므로 아랫사람을 거느리고 좋은 보필을 받아 원하는 일이 순조롭게 이루며 재운도 매우 좋다.

2) 나쁜 상

살이 없이 쑥 들어가게 되어 광대뼈가 도드라져 보이는 것은 흉상이다.

① 턱에 흉터가 있는 사람은 부모의 덕이 없어 혈혈단신으로 생활하게 되며 오히려 원수관계가 될 수 있다. 부하를 둘 자격이 못 되는 상이고 사업을 하면 번번이 실패를 겪게 되므로 직장생활이 낫다.
② 턱이 짧은 사람은 덜렁거리는 성격이며 매사에 경솔하여 곧 후회할 일이 많이 생기지만 정이 많아 사람들에게 귀여움을 받고, 대인관계도 매우 좋다. 재물운은 과히 좋지 않으나 열심히 일해

서 꾸준히 저축해 나가면 좋은 미래가 열릴 것이다. 부하운도 좋은 편은 아니다.

③ 턱이 뾰족한 사람은 아랫사람의 원한을 사서 도움을 받지 못하고, 스스로의 노력만이 있기 때문에 하고자 하는 일이 제대로 이루어지지 않는다. 고생이 많으며 도와준 사람에게도 오히려 배신을 당한다. 사람을 너무 믿지 말고 소신껏 밀고 나가며 대인관계에 있어 진실성을 가지고 대해야 하고 직원을 두는 자영업보다는 직장에서 자신의 능력을 발휘하는 편이 성공이 빠르다.

턱

턱에는 말년운, 주거 운, 부하의 운을 보며 의지력, 주택운, 가정운, 애정운, 자식운, 전체적으로 한 사람의 말년이 얼마나 풍요롭고 만족스러울 것인가를 판단하는 기준이며 인상학에서 아랫입술 밑 부분(승장)은 술의 창고라고 하여 술의 적응 정도를 보는데 승장이 깨끗한 사람은 술을 마셔도 끝까지 예의를 지키며 색이 어두우면 술로 인하여 병을 얻으며 승장이 잘못 생기고 지저분하면 주사가 심하다.

1) 좋은 상

① 아래턱이 둥그스름하고 살집이 보기 좋게 붙어 있는 사람은 선천적으로 부하나 아랫사람의 운이 좋다.

② 남자의 경우는 턱이 둥글고 살집이 좋으면서 단단해 보이는 사람은 도량이 넓으며 침착하고 온화한 성품을 가지고 있어

남을 잘 보살펴 줌으로써 신망을 얻고 가정적으로는 아내운도 좋고 자식운도 길하다.

③ 살집이 엷은 네모진 턱은 남자에게 많은 형이다. 고집과 끈기가 있어 일에 열중하는 유형이나 완고한 면이 지나치고 융통성이 없이 자기주장만 내세워 미움을 받기도 한다. 야성적인 면이 강하고 몸으로 부딪치는 것, 남들과의 경쟁에는 뛰어난 집념을 보이는 운동선수로 성공한 사람 중에 많다.

④ 턱의 중앙이 우묵하면 정열적으로 단단한 뼈의 소유자에서 많이 볼 수 있는데 대체로 감성이 뛰어난 정열파이며 예술에 대한 심미안과 창의력이 풍부하여 예술 방면으로 성공할 수 있다. 비즈니스로 진출해도 적합한 직장을 만나면 뛰어난 재능을 인정받아 엘리트로 성공하게 된다.

⑤ 턱이 앞으로 튀어나온 사람은 대개 능력이 뛰어난 편이나 상사에게는 다루기 어려운 부하 직원으로 미움을 살수가 있으니 조심해야 한다. 어느 정도 지위가 오르면 권력에 의하여 타인을 누르려는 경우가 많고 자신의 능력을 너무 과신하여 상대를 냉소하는 경우가 많다.

⑥ 턱이 긴 남자는 대단한 자신가로 의협심도 강하고 아내에 대한 애정 역시 지극한 편으로 선량하고 다정다감하며 대체로 여자에게 친절하다. 턱이 긴 남자는 의지가 남달리 강하여 자신이 세운 목표는 꼭 달성하며 세계적으로 이름을 날린 사업가나 정치가 중에 많다.

⑦ 턱에서 목에 이르는 부분에 살집이 풍부하여 이중 턱을 가지고 있으면 마음이 넓고 여유가 있어 남의 결점에 대하여 관대

하며 금전운이 좋고 특별한 재산이 없어도 늘 생활에 여유가 있는 상으로 경제적으로 안정되어 각박하지 않고 넓은 아량을 베풀 수 있다.

⑧ 악골이 귀와 일직선이면 아랫사람을 잘 부리며 정면에서 보아 좋은 상을 가지고 있으면 좋은 상으로 대기업의 총수나 뛰어난 정치가가 될 수 있는 행운의 상이며 사업가로도 이상적인 상이다.

2) 나쁜 상

① 여자가 턱이 뾰족하면 귀여워 보이는데 고상한 것에 가치를 두는 이상주의자가 많고 현실적으로는 예술 방면에 소질이 있고 두각을 나타내기도 하지만 집안일을 좋아하지도 않고 잘하지도 못한다.

② 턱이 뾰족한 남자는 센스가 빨라 이지적인 타입으로 처세술이 부족하여 직장 이외에서는 운이 나쁘다.

③ 얼굴에 비해 유난히 턱이 뾰족하고 작은 사람은 애정생활에도 만족을 얻기가 어렵고 고독을 느끼며, 여자는 남자에 의하여 비운에 빠지는 경우가 많아서 아무리 머리가 뛰어나도 사업자라면 중년에 실패가 예상되므로 사업은 안 하는 것이 좋다.

④ 턱으로부터 목에 이르는 부분에 살집이 없어서 가냘프게 보이는 사람은 신경질이 많고 인덕이 없어 남의 결점을 참지 못하는 성격으로 신경이 날카로워 사회생활에 적합하지 않으며 금전운도 희박하다. 살집은 나이가 들면서 바뀌니 고정적인 운세는 아니다.

⑤ 악골이 튀어나와 있으면 감정이 둔하고 남자는 여자에 대한 운이 박한 편이나 끈기가 있어 꾸준히 벌어서 말년에 안정된 생활을 한다.

⑥ 악골이 돌출되지 않은 사람은 감성의 소유자로서 작은 일에도 상처를 입고 좋고 싫어하는 구분이 많으므로 사회적인 성격은 못 되지만 예술 방면에는 소질이 있어 글을 쓰거나 그림을 그리는 데는 감수성을 십분 발휘한다.

⑦ 악골이 귀 쪽으로 당겨져 있으면 보기에도 고집이 세게 보이며 평소에는 타인을 배려하나 이해관계가 얽히면 과격한 행동을 할 수 있으므로 직장에서 성공하기는 어렵다.

⑧ 악골이 턱 쪽으로 당겨져 있으면 자신을 떠 받쳐줄 보좌역이나 부하가 거의 없다고 보므로 부하운이 매우 나쁘다.

⑨ 턱이 울퉁불퉁하면 고집이 세서 이런 사람을 상사로 모시고 있으면 언제나 완벽한 것을 요구하기 때문에 아무리 노력해도 칭찬을 받을 수 없고 아내와의 사이도 원만치 못하다.

⑩ 턱은 주택운을 나타낸다. 이곳에 점이 있으면 중년에 크고 훌륭한 집에서 사는 운이나 턱에 흠집이 있거나 상처 혹은 사마귀가 있으면 주거가 불안정하다. 이사를 자주 하거나 헌집에 살게 되어 늘 마음이 불편하거나 혹 갑자기 주거조건이 변동될 운이다.

인상사례

경영자

경영자에게 요구되는 중요한 조건은 사회적으로 인정받고 직원들에게 존경과 신뢰를 받는 인덕이 있어야 한다. 지성적이며 품성이 좋고 명랑하고 정열적이며 향상심이 있고 적극성과 선견성, 합리성, 지도력, 포용력, 실행력, 결단력, 기획력, 전체 균형의 균형 감각, 인재 육성 능력 등 종합적인 능력이 필요하다. 간단히 말하자면 인간성이 풍부하고 훌륭한 사람이어야 한다.

1) 얼굴의 조건은 튼튼한 골격에 살이 적당히 찌고 타인에게 안정감을 주는 얼굴이어야 한다.
2) 이마는 상, 중, 하부의 뼈가 튀어나와서 그 위에 살이 두툼하게 붙어 있으면 추리력, 창조력, 기억력 관찰력 등의 지적인 능력이 있고 품격과 품성이 뛰어난 훌륭한 사람이다.
3) 눈썹은 일자형으로 길고 색이 짙으며 형태가 고르게 되어 보기가 좋으면 머리가 좋고 사람들의 지원이나 협력을 받을 수 있다.
4) 눈썹과 눈썹 사이인 명궁이 두툼하게 부풀어 오른 사람은 운이 대단히 좋은 사람이다.
5) 눈의 꼬리 부분이 길게 찢어져 있으면 매사에 신중하여 깊이

생각하고 냉정하고 침착하며 타인의 말을 잘 듣고 판단하여 사고능력이 뛰어나다.

6) 코는 콧대가 높고 길며 통통하게 살이 찌고 콧방울이 양 옆으로 퍼져 있으면 계획이나 방침수립에 선견성이 있으며 책임감과 의지가 강하다. 또한 재산운과 건강운이 좋아서 자신의 힘에 의해 적극적으로 사회와 인생을 개척해 나가는 힘이 있다.
7) 귀는 크고 두터우며 귓바퀴의 윤곽이 확실하고 근육처럼 살에 탄력이 있으며 얼굴에 달라붙어 있으면 정보 수집 능력이 뛰어나고 체력도 강해서 에너지가 넘치는 사람이다.
8) 법령선이 팔자형으로 입을 크게 둘러싸고 길게 턱 언저리까지 퍼져 있으면 부하운도 좋고 행동 범위와 사교 범위가 넓다는 것을 나타낸다.
9) 입은 크고 살집이 좋고 양쪽 끝이 야무지게 다물어 있으면 의지력과 생명력이 강하여 뛰어난 실천력을 발휘한다.

입신출세자의 인상

사람이 살아가려면 꿈이 필요하다. 이 세상에서 삶의 특권을 받은 이상 누구나 생애의 비전을 찾는다. 입신출세는 모두의 꿈이다. 입신출세하는 인상은 본인 자신이 건강하고 활기찬 생명력을 가지며 능력이 뛰어나고 실행력도 풍부해야 하며 운세적으로 보면 상사나 선배의 보살핌이 있어야 명예, 지위, 권력 등의 행운이 따른다.

1) 수려하고 넓은 이마(지력과 판단력)
2) 눈썹 털이 길고 가지런하다(총명함과 윗사람의 보살핌).
3) 눈이 가늘고 길며 눈초리가 째져 있는 용안이다.
4) 높고 큰 코, 주동적으로 사업을 성공시킨다.
5) 입이 크고 긴장감이 있을 만큼 꽉 다물고 있으며 입 꼬리가 올라가 있다.
6) 얼굴의 좌우대칭의 밸런스가 잡혀 있다(협조성과 양식이 풍부).

정치가의 인상

정치가는 특별한 속기가 있어야 하는데
첫째, 남을 밀어젖히더라도 위로 올라가려는 강인성
둘째, 냉철한 비정(정치가는 비정해야 한다)
셋째, 지위, 권한, 파워, 금전에 대해서는 이성적인 집착성을 갖는다.
넷째, 웅변의 재주가 있어야 한다.
다섯째, 계수에 빼어난 재주가 있어야 한다(정보 수집력, 자료 정리).
여섯째, 담이 커야 한다.

1) 근육질이고 얼굴에 살 붙음이 좋은 인상, 강인함과 너그러움을 표시한다. 역삼각형, 긴 얼굴, 작은 얼굴은 정치가에 맞지 않는다.
2) 이마는 넓고 주근깨나 상처가 없어야 지적으로 정확한 판단력이 있으므로 명성을 얻을 수 있다.

3) 살이 두둑이 붙은 턱을 가지고 있어야 포용력이 있는 우두머리가 된다.
4) 눈썹은 똑바르며 진한 남성형 눈썹

장사꾼의 인상

동서고금을 통하여 상인은 애교가 있고 처세를 잘한다. 선천적으로 오만한 기가 있어서 머리를 숙이기 싫어하는 사람은 장사꾼이 될 수 없다. 성격이 원만하고 협조성이 뛰어나며 타협을 잘해야 사업으로 성공한다.

금전운이 강하고 계수에 강하고 애교와 끈기가 있으며 감정을 밖으로 표출하지 않고 곤란한 일이 있어도 위축되지 않으며 손님에 대하는 태도에 변함이 없어야 한다.

장사꾼에게 중요한 것은 은혜를 베푸는 것이 아니라 남에게 은혜와 사랑을 듬뿍 받을 수 있어야 하며 신의를 지키고 손해 보는 일이 있어도 약속을 반드시 지켜야 한다.

1) 얼굴은 역삼각형이 아닌 형이 좋다.
2) 눈썹은 나한의 눈썹이 좋다. 성격이 원만하여 호감을 얻을 수 있다.
3) 실행력, 생명력, 재운이 따르는 우뚝하고 스마트한 코가 좋다.

예술가의 인상

예술가에게 제일 중요한 것은 예술적인 센스, 직관력, 상상력으로 누구에게도, 무엇에도 구애받지 않고 자신의 예술적 감각을 표현할 수 있어야 한다.

1) 역삼각형의 얼굴이다.
2) 이마는 아이디어와 직관력이 강한 M자형이 제일 좋다.
3) 눈썹은 산 모양이고 관력이 날카롭고 예술이나 문화적인 센스가 뛰어난 미구가 높은 상이 좋다.

성공하는 직장인의 인상

보통 출세할 수 있는 직장인은 시대의 흐름을 먼저 보는 선견성과 이상을 현실화하는 행동력 지도력과 포용력을 갖춘 품위 있는 인격을 가진 사람이어야 하며 총명한 두뇌는 물론 건강한 체력이 필수적이다.

그리고 상사의 적극적인 후원도 있어야 하며 강한 운도 갖고 있지 않으면 안 된다.

1) 이마가 넓고 세 개의 주름살이 뚜렷하게 나타나 있으며 이마 전체가 두툼한 사람은 지력이 있으며 의지가 강하고 실행력도

있다.

2) 눈썹은 남성적으로 길고 모양새가 잘 잡혀 있으며 숱이 너무 많지 않고 눈썹과 눈썹 사이는 너무 넓지 않으며 살이 두툼하게 붙어 살색이 좋으면 운이 좋은 사람이다.
3) 온화한 기로 충만하고 생각이 깊어 보이는 눈을 가진 사람은 마음이 느긋하고 원만하며 따뜻한 성격이다.
4) 코는 뼈대가 굵고 높으며 살이 두툼하면 훌륭한 코이다. 가능하면 콧방울이 양쪽으로 둥글게 퍼져서 책임감이 있고 경제적으로 여유가 있으며 정력적인 사람이어야 한다.
5) 귀는 크고 딱딱하며 살이 두텁고 귓바퀴의 윤곽이 뚜렷하면 지구력에도 뛰어나고 도량도 넓다.
6) 코 밑 인중이 깊고 넓으면 생명력이 강하여 일을 얼마든지 해낼 수 있다. 볼에 보기 좋게 살이 쪄서 앞이나 옆으로 나와 있으면 적당한 투쟁력과 인내심을 가지고 있다.
7) 입이 크고 위 아랫입술이 같은 두께로 입술이 야무지게 보이면 체력도 있고 생활 능력도 왕성하며 정감도 풍부하다.
8) 턱이 넓고 살집이 좋으면 야무지고 부하운도 좋으며 포용력이 넓다. 이런 사람은 특히 부동산에 복이 있다.

영업부서 직장인의 인상

영업 즉 세일즈맨으로 성공할 타입은 업종에 따라 다소 다르지만 일반적으로 명랑하고 감수성이 예민하여 서로 정을 주고받으면서 사람의 마음을 꿰뚫어 보는 눈이 있어야 한다. 또한 적극적인 투지의 도전 정신이 필요하며 사교성도 필요하고 인품에 청결감이 있는 사람이어야 한다.

1) 얼굴 전체가 둥글고 조금 살이 쪄서 사람들과의 대면에서 필요한 친절함을 가지고 있으며 인정미가 풍부한 두툼한 얼굴이다.
2) 이마를 삼등분했을 때 기억력이 뛰어난 가운데 이마가 발달하고 관찰력이 뛰어난 아래 이마가 발달해 있는 사람은 상대를 관찰하고 그 사람의 이름을 금방 외우기 때문에 인간관계를 유지하는 데 능숙하다.
3) 눈썹과 눈썹 사이인 명궁이 어느 정도 떨어져 있으면 생각과 도량이 넓다. 눈썹이 부드럽게 커브를 이룬 모양으로 잘 잡혀 있으면 머리 회전이 빠르고 유머가 있어 대화가 잘된다.
4) 눈이 크고 콧방울이 둥글게 퍼져 있으면 사람들과 협조성이 있어서 많은 사람들과 같이 일할수록 돈이 들어온다.
5) 귀는 두껍고 둥글면 주위 사람들과 원만하게 사귈 수 있는 사람이다. 사회적인 힘을 나타내는 얼굴의 부위인 광대뼈에 살이 붙어 있으면 인기가 있다.
6) 입이 크고 입술이 위아래가 같은 두께로 탄력성이 있으면 애정이 잔잔하고 생명력이 넘쳐 승부의 세계에 민감한 세일즈맨에게 적합하다.
7) 턱도 살집이 두텁고 넓으면 부하운이 좋아서 자기가 소속된 영업부 전체의 성적이 향상된다.

개인사업가의 인상

직장인에서 독립하여 성공할 수 있는 사람의 성격을 분석해 보면 우선 고용되는 것을 싫어하고 윗사람에게 굽실거리는 것을 좋아하지 않는 것이 특징이다. 자기주장이 강하고 지기 싫어하며 느끼는 대로 생각나는 대로 제멋대로 행동한다. 자신이 선호하는 삶의 길을 스스로 찾는 사람으로서 강한 의지가 있고 일에 대한 집착심을 갖고 어느 정도의 자기 분야에 대한 실력이 갖추어져 있으면 독립을 하여 성공할 수 있는 사람이다.

1) 얼굴의 특징을 볼 때 이마의 중앙부가 튀어나와 있으면 맹종하지 않고 반항하는 성격이 강하여 수단과 방법을 가리지 않고 노력하는 사람이다.
2) 눈썹과 눈썹 사이인 인당 또는 명궁이 조금 좁으면 자기 자신이 느끼는 대로 생각나는 대로 멋대로 행동하는 사람이며 반대로 넓으면 보수적인 성격으로 일을 처리하기 때문에 걱정이 적고 무난하게 해나가는 사람이다.
3) 눈이 적당히 나와 있고 눈 주위에 적당히 살이 붙어 있는 사람은 적극적으로 도전하며 살아가는 인생관을 갖고 있다.
4) 코가 크고 보기 좋으며 콧방울이 옆으로 퍼져 나와 있으면 독립심과 책임감이 강하고 체력과 금전 면에서 복이 있다.
5) 광대뼈가 앞이나 옆으로 튀어나와 있는 사람은 인내심과 투쟁력을 가지고 있기 때문에 어느 정도의 고생은 고생으로 생각하

지 않는 강한 일면을 가지고 있다.

6) 입이 크고 입술이 두꺼우면 생활 능력의 수단이 풍부한 사람이다. 얼굴의 피부가 두꺼우면 감각이 둔한 편으로 어려운 일을 무리하게 해치우려는 성격으로 언제나 자기 나름대로 해나가는 실행력이 있으며 사소한 일에는 신경을 쓰지 않는다.

신체

어깨

1) 좋은 상

① 어깨는 권위의 상징으로 어깨를 당당하게 펴고 걷는 사람들은 권위를 느끼게 하며 어깨가 넓고 단단하면 옷을 입어도 맵시가 있다. 건강하고 섹스에 강하며 매사에 자신이 있어 성공한다.

② 어깨가 넓은 여자는 건강하며 성격도 쾌활하고 사교성이 있어 주위에 사람이 모인다. 뛰어난 사교성과 지치지 않는 추진력에 힘입어 직업적으로 성공한다.

2) 나쁜 상

① 어깨가 여윈 남자는 제아무리 노력해도 입신출세하기 어렵고

여자다운 특성이 강하여 누군가에게 의지하려는 욕구가 강해 어깨가 넓은 여자를 택한다. 남자는 중성화되어 대중을 상대하는 연예인이라면 성공할 수 있다.

가슴, 유방

1) 좋은 상

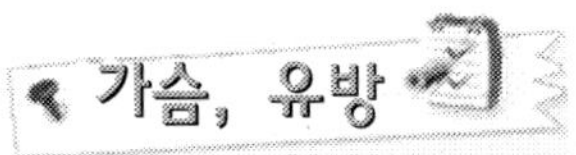

① 가슴의 폭이 넓으면 도량이 넓고 강건하며 고난을 이겨내는 활력의 소유자로 30대 이후 성공한다.

② 가슴이 좁으면 조심성이 있는 성격으로 육체노동이나 인간관계가 복잡한 직업에는 적합하지 않고 모험을 시도하려 하지도 않지만 실패도 않는다. 꾸준히 자신의 범주에서 성취하여 말년에는 성취한 삶을 누릴 수 있다.

③ 가슴에 살집이 있으면 애정생활이 즐겁고 금전운이 풍부함을 의미하며 소유자의 능력이 있건 없건 금전 때문에 고생하는 일은 없다. 이런 여자는 대체적으로 생활력이 강하고 배우자의 운세도 좋아 남녀관계가 잘 풀린다.

④ 쇄골이 눈에 잘 띄지 않는 사람은 젊어서부터 운세가 강하며 호감을 사고 인덕이 있으며 재산운이 좋은 편이다. 그러나 항상 유혹이 따르니 조심해야 한다.

⑤ 유방이 풍부하면 건강상 문제가 없다. 성적 욕구에 대해서도 항상 받아들일 자세가 되어 있으며 별로 큰 힘을 들이지 않아

도 금전적으로 풍부해지는 운이다. 그러나 색을 밝히면 인생을 그르칠 수도 있다.

⑥ 유방이 포탄처럼 잘 발달해 있으면 성감이 뛰어나고 체력도 좋아서 남자에게는 꿈의 파트너로서 이런 여자는 본능적으로 섹스에 대한 욕구가 강해서 남자가 충족시켜 주지 못하면 트러블이 생길 수도 있다.

⑦ 유두 사이가 넓으면 생활력이 풍부하여 생활의 고통에서 쉽게 좌절하지 않는다.

2) 나쁜 상

① 가슴 위가 새처럼 튀어나온 여자는 섹스에 관심이 깊고 남자에 대해 우위를 차지하려 하여 자칫 독선적으로 보일 수 있으나 금전운은 좋다.

② 쇄골이 눈에 띠게 보이는 사람은 체력이 약하거나 매사에 자신이 없어서 왜소한 특성을 보이며 앞으로 나서지 못한다.

③ 유방이 빈약한 것은 건강상 문제가 있거나 성적인 발육이 늦음을 뜻하는데 자연히 성의 관심도가 낮고 민감하지 못하여 남자의 관심을 사기 힘들고 스스로도 이성에 별 관심을 갖지 않는다.

④ 유두 사이가 좁으면 소극적이며 큰일에는 적합하지 않고 처세술과 재능이 부족하여 출세가 늦어지며 어떤 일을 맡겨도 큰 결과를 기대하기 어려우니 직장이 좋고 모험은 하지 말라.

⑤ 유두가 작으면 경쟁력이 부족하여 실패한다.

등

1) 좋은 상

① 등줄기가 곧게 뻗어 있고 등에 살집이 풍부한 느낌을 주는 것이 가장 좋은 상으로 기력과 체력이 모두 뛰어나 인생을 순탄하고 행복하게 보낼 수 있는 상이다.

② 등에 약간의 살집이 있는 것은 좋은 상으로 여자는 남편 복이 있다.

2) 나쁜 상

① 견갑골이 튀어나와 있으면 운이 박해서 수명도 짧고 박운을 타고나 고독하고 평생 가난하다.

② 등을 고양이처럼 구부리고 다니는 사람은 노복의 상으로 직업운도 나쁘고 금전운도 트이지 않는다.

점

1) 좋은 점

① 이마 중앙에 점이 있는 남자는 대체로 길운인데 개성이 강함을 나타내기 때문에 자칫하면 파란의 상이나 남자의 경우는 상사의 지원을 받으면서 어려움을 극복하여 성공하니 항상 상사와 잘 지내도록 노력할 필요가 있다.

② 콧마루 측면에 점이 있는 사람은 수입이 좋다.

③ 눈썹의 중앙 위쪽에 점이 있으면 탁월한 화술과 적절한 매너로 친구가 많으며 어려울 때는 누군가의 도움으로 위기를 타개하며 눈썹 속에 점이 있으면 학문과 예술분야에서 성공한다.

④ 눈초리 위에 점은 재물이 따르는 복점으로 금전운이 대길하여 큰 재산을 모을 수 있다.

⑤ 눈과 눈썹 사이에 점은 금전운이 좋아 어느 날 갑자기 부자가 될 상이다.

⑥ 눈썹 안에 검은 점이 있으면 총명한 상이나 너무 커서 눈에 띄면 좋은 상은 아닌데 눈썹 안에 점은 대체로 학문이나 예술분야에서 성공을 거둘 상이다.

⑦ 입술에 점이 있으면 음식 걱정이 없다.

⑧ 법령 위에 점이 있으면 자수성가하여 중년이 되면 부족함이 없이 재산을 모으는 운세이다.

⑨ 코와 입술 사이에 점은 생활의 여유를 말한다.

⑩ 남자는 눈과 눈썹 사이, 눈초리에 있는 점은 남의 힘에 의해 운이 트인다.

⑪ 턱에 있는 점은 좋은 점으로 섣불리 빼면 안 되며 좋은 집에 살게 될 운으로 예능방면의 사람이 턱에 점이 있으면 크게 도움을 받을 운이다.

⑫ 턱의 양 끝에 점이 있으면 리더로서 아랫사람으로부터 존경을 받는다.

⑬ 목덜미에 점이 있으면 좋은 점으로 의식주가 풍족하다.

2) 나쁜 점

① 이마 위 1/3 범위에서 중앙에 이르는 점은 인내심을 상징한다. 어려서 고생이 많아 인내심이 강하고 쉽게 좌절하지 않는 반면 반발심이 강해 상사와 사이가 나쁘다.

② 미간에 점이 있으면 성공운이 극단적으로 남자는 크게 성공하거나 크게 실패할 상으로 미간이 넓으면서 점이 있으면 성공형인데 천성적으로 게으른 성격 때문에 실패하기도 한다.

③ 미간이 좁은 남자는 성격이 너무 세심해서 성공과는 거리가 멀며 여자는 성격이 강한데다가 운 역시 세기 때문에 직업여성의 상이다.

④ 코끝에 점이 있으면 일시적으로 성공한다.

⑤ 콧방울에 점이 있으면 낭비벽이 심하다.

⑥ 콧등의 점은 개성을 나타내는데 이런 사람이 상사가 되었을 때 비정하게 부하 직원을 해고하거나 강등조치를 할 수 있다.

⑦ 아래 눈꺼풀에 점이 있으면 남녀 모두 섹스를 즐기는 타입으로 문제를 일으키고 괴로운 일도 많이 따른다.

⑧ 눈 아래에 점이 있으면 자녀 때문에 고생한다.

⑨ 눈머리 쪽의 점은 남녀를 불문하고 정조관념이 희박한 상으로 두 집 살림을 한다.

⑩ 눈초리에 점이 있는 여자는 호색적인 성격을 나타낸다.

⑪ 아랫입술에 점이 있으면 이성관계로 수난을 당한다.

⑫ 귀에 점이 있으면 지혜롭지만 색난의 상이다.

자세와 태도

걷는 자세

① 상체는 무겁게 걸음걸이는 가볍게 가슴을 펴고 걷는 사람은 곤란을 극복하고 성공한다.
② 양 어깨를 흔들고 걷는 사람은 성공하지 못한다.
③ 서둘러서 걷는 사람은 성급하고 지레 짐작을 잘 한다.
④ 위를 보고 걷는 사람은 활력은 있지만 거만하다.
⑤ 밑을 보고 걷는 사람은 음침해서 성공하지 못한다.
⑥ 어깨를 으스대며 걷는 사람은 허세를 부리지만 소심한 사람이다.
⑦ 앞으로 기울이고 걷는 사람은 운이 열리지 않는다.
⑧ 걸으면서 자꾸만 뒤를 돌아보는 사람은 나쁜 생각을 품고 있거나 누군가에게 쫓기고 있다.
⑨ 두리번거리면서 걷는 사람은 경계심이 많고 마음이 동요하고 있는 사람이다.
⑩ 발소리를 크게 내고 걷는 사람은 교양이 없고 예의를 모른다.
⑪ 앞으로 넘어질 듯 걷는 사람은 단명하다.
⑫ 마릴린 먼로의 걸음걸이는 무지하거나 색정으로 몸을 망친다.
⑬ 고양이처럼 굽은 등으로 걷는 사람은 해마다 재수가 없어진다.
⑭ 아장아장 빨리 걷는 사람은 소심한 사람이고 종종걸음으로 걷

는 사람은 재능은 있어도 능력을 인정받지 못한다.

⑮ 당당하지만 경쾌하게 걸어야 생활의 어두운 점을 극복하게 된다.

⑯ 상대방의 말을 끝까지 들어 준다. 심한 공격을 당해도 상대방의 말이 끝날 때까지 경청하는 것이 좋으며 그래야 큰 인물이 될 수 있다.

앉는 자세

1) 앉는 자세

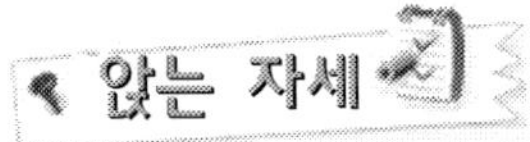

① 무엇엔가 기대려고 하는 여성은 의지할 만한 남성을 원하고 있다.

② 팔짱을 끼는 여성은 배신을 잘하고 성욕이 강하다.

③ 단아하게 정좌하는 여성은 인품이 뛰어나다.

④ 초면의 남성에게 곁눈질을 보내는 여성은 바람둥이다.

⑤ 뻐드렁니에 눈이 가늘게 웃고 있는 것 같은 여성은 호인이지만 수다쟁이다.

⑥ 바르게 앉는 사람은 인품이 훌륭하다.

⑦ 앉아서 공연히 무릎을 떠는 사람은 경솔하고 돈복이 없다.

⑧ 여러 사람 몫의 좌석을 독점하는 사람은 이해심이 없다.

⑨ 앞으로 기울이고 앉는 사람은 집중력이 없다.

⑩ 앉기만 하면 무엇에 기대려 하는 사람은 기력이나 체력이 쇠약하다.

2) 눈으로 보는 상대방의 성격

① 눈이 크면 성격이 명랑하고 감수성이 뛰어나다.

② 눈이 온순하면 애정이 깊고 눈동자가 빛나면 의지가 강하다.

③ 눈동자가 빠르게 움직이면 사람의 마음을 파악하는 것이 빠르다.

④ 눈의 움직임이 둔하면 성격도 둔감하다.

⑤ 좌우 눈이 수평이면 성격이 솔직하고 안정된 생활을 보낸다.

⑥ 길게 찢어진 눈은 생각이 깊고 둥근 눈은 직감적이며 충동적이다.

⑦ 눈과 눈 사이가 넓은 사람은 낙천적인 성격의 소유자로 모든 일에 심각하고 신경질적이다.

3) 눈동자의 움직임으로부터 마음을 알 수 있는 포인트

① 눈동자의 움직임이 빠른 사람은 예민한 생각을 가지고 있어서 직감적이며 타인의 마음을 빨리 읽을 수 있는 소질이 있으므로 그 사람에게 대응하는 것도 빠르지만 타인으로부터 영향도 빨리 받기 때문에 쉽게 감정적으로 되는 성격이다.

② 눈동자의 움직임이 느린 사람은 신체 오관(눈 코 혀 귀 피부)의 감각이 둔하고 감정의 기복도 적은 성격으로 주위 사람들에게 영향을 받지 않으며 자기 나름대로 살아가는 타입이다. 협조성이 부족하기 때문에 대인관계가 순조롭지 않다.

말하는 태도

1) 음 성

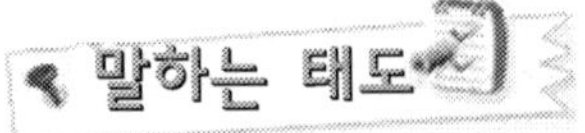

소리는 천지에 비유하면 뇌성과 같은 존재이므로, 모든 기로써 근본을 삼는 것이니 단전으로부터 우러나온 소리라야 가장 귀격이며 운 또한 왕성하다. 귀인의 소리는 단전에서 나오므로 힘차고 기운이 있어 운세가 왕성하고, 천인의 소리는 혀끝이나 목구멍에서 나오므로 여운이 없다.

마음은 소리의 근본이니 성음이 그 사람의 심경에 비친 희로애락에 따라 소리가 나오는데, 음성으로써 그 사람의 선악과 흥망성쇠를 능히 판단할 수 있다. 소리는 마음을 대표하는 그릇이므로, 스스로 마음을 잘 닦고 음덕을 쌓은 즉, 자연히 음성도 좋아져 행운과 복록이 스스로 도래하게 된다.

① 혀끝이나 목구멍에서 소리가 나오면 빈천하며 운도 쇠퇴한다.
② 정신이 맑으면 기가 화윤하고, 기가 화윤해야 음성도 낭랑하여 화창하다.
③ 정신이 흐리면 기가 조급하고, 기가 조급한즉 음성도 흐리고 어지럽다.
④ 소리는 성운이 서로 상통해야 길한데, 즉 소리는 있으나 끝에 여운이 없는 것은 불길하다.
⑤ 좋은 음성
- 소리의 맑기가 계곡에서 흘러나오는 물소리 같은 자는 소년

등과하고 극귀할 명이다.

- 음성이 잔잔하여 물이 흐르는 것 같은 자는 일찍 대도를 터득한다.
- 음성이 항아리 속에서 울려나오는 소리와 같은 자는 오복을 두루 겸비한 사람이다.
- 귀성은 소리가 맑고 둥글며, 온화하고, 호순하고 길면서 힘이 있다.
- 부귀장수의 소리는 큰 종소리나 북소리와 같다.
- 귀성의 소리는 작아도 맑은 옥수가 흐르는 것 같다.

⑥ 나쁜 음성

- 소리가 가벼운 자는 일처리가 무능하고
- 소리가 깨지는 자는 일마다 이루지 못하며
- 소리가 흐린 자는 일마다 불성하고
- 소리가 밑으로 가라앉는 자는 성품이 게으르고 무지하다.
- 급하기가 말울음소리 같고 느리면서 끊어지고, 그윽하면서도 암체하고, 얕고 조급하며, 소리는 크나 흩어지고 깨어지며, 소리의 고저장단이 고르지 못하고, 요량하더라도 말의 마디가 없으며, 말이 빠르고 수다스러우며, 온화하지 못하고 개나 염소의 우는 소리와 같은 자

2) 말 씨

① 빠른 말씨로 연거푸 떠들어대는 사람은 경솔하고 성급하다.
② 상대방을 바로 보지 않고 말하는 사람은 마음에 비밀이 있다.
③ 중환자 같은 말씨의 사람은 일생 동안 불운하다.
④ 언제나 화난 듯이 말하는 사람은 근본이 정직하다.
⑤ 대화 중에 궁상을 떠는 사람은 신용하지 말라.

⑥ 속삭이듯 말하는 사람은 비밀이 있다.
⑦ 제스처가 큰 사람은 자기주장이 강하다.
⑧ 큰 소리로 말하는 사람은 정직한 사람이다.
⑨ 턱을 내밀고 말하는 사람은 허풍이 심하고 자만심이 강하다.
⑩ 공격을 당해도 도중에 반론하지 않고 상대방의 주장을 잘 듣는 사람은 대인이 된다.
⑪ 침착하게 쉬엄쉬엄 말하는 사람은 느리거나 생각이 깊다.
⑫ 윗사람에게는 정중하고 아랫사람에게는 방자하며 거만한 사람은 언젠가 실패한다.
⑬ 성공담이나 자랑만 하는 사람은 허영심이 강하고 거짓말쟁이다.
⑭ 실패담을 섞어서 말하는 사람은 여유가 있다.
⑮ 턱을 바싹 당기고 눈을 치켜뜨며 말하는 것은 상대방을 멸시하고 있는 증거다.
⑯ 웅변가는 설득력이 없으나 눌변가는 설득력이 강하다.
⑰ 상대의 말을 가로채는 사람은 자기 본위다.
⑱ 소리의 힘과 맑고 탁함에 따라 실패와 성공을 알 수 있다.

3) 눈으로 보는 상대방의 성격

① 눈동자의 움직임으로부터 마음을 알 수 있는 포인트
② 눈동자의 움직임이 빠른 사람
③ 눈동자의 움직임이 느린 사람

4) 말하는 모습과 성격 판단

① 어려움에 처했을 때 상대방에게 양해를 구하면서 말하는 사람은 매우 좋은 상이나 그렇지 않은 사람은 정신적으로 항상 조급하고 불안정하며 차분하지 못한 성격으로 금전운도 그다지 타고나지 못한 사람이다.

② 턱을 앞으로 내밀면서 말하는 사람은 상대를 마음속으로 깔볼 때 나오는 태도이거나 자기 자랑을 거듭하면서 생긴 버릇이다.

③ 턱을 안으로 당기듯 하며 말하는 사람은 자신만만하여 거만한 사람이며 어딘가 사람을 깔보는 곳이 있는 본질적으로 좋지 않은 성격의 소유자이다.

④ 말을 천천히 하는 사람은 신중하고 생각이 깊은 사람이다. 이런 사람은 논리가 정연하고 지적인 성격의 소유자다.

⑤ 대화할 때는 상대의 눈을 보고 대화를 해야 신뢰감을 얻을 수 있으며 혼자서 독백하듯 중얼거림은 매우 나쁘다.

⑥ 말할 때는 기운찬 목소리로 해야 한다. 이런 사람은 개방적인 성격이면서 매우 정직한 성격이다.

⑦ 자신이 실패한 이야기를 스스럼없이 하는 사람은 열등감이 전혀 없는 사람으로 가슴이 넉넉하여 매사에 여유를 갖기 때문에 솔직하여 상사의 신임이 두터워 빨리 승진한다.

⑧ 자기변명만 하고 거짓말만 늘어놓는 사람은 중년 이후 운이 하강한다.

5) 얼굴 분위기로 판단하는 방법

① 남자 같은 얼굴을 가진 여성은 남자라고 생각하고 상대하면 이야기가 쉬워진다.

② 맑고 순수한 얼굴을 한 사람은 솔직하게 대하면 이야기가 빠르다.

③ 얼굴 표정이 어두운 사람은 처음부터 상대를 하지 않는 것이 좋다.

④ 자신의 일도 벅차게 보이는 얼굴과 정신적인 여유가 없는 얼굴을 한 사람은 이야기를 해도 시간만 낭비하게 되므로 처음부터 상대를 하지 않는 것이 좋다.

6) 주름살로 판단하는 법

① 주름살의 양 끝이 밑으로 처져 있으면 소극적인 성격이며 이마의 주름살 선이 확실하게 3선으로 새겨져 있는 사람은 드물다.

② 확실하게 3선 주름살은 절조 주름살이라고 하며 뚜렷하게 새겨져 있을수록 희망에 넘쳐 현실적이며 정직한 성격으로 열심히 노력하는 사람이다.

③ 주름살의 양끝이 위로 향해 있으면 적극적인 성격이다.

④ 40세가 지나도록 주름살이 하나도 생기지 않는 사람은 인간관계에 복이 있거나 성격이 착하고 원만하여 주위 사람들로부터 사랑을 받는 낙천적인 사람이다.

⑤ 20대부터 주름이 생긴 사람은 쓸데없는 근심 걱정이 많은 성격이다.

동 작

① 존경심을 언동으로 나타내는 여성은 존경과 사랑을 동시에 품고 있다.

② 아랫입술을 언제나 이빨로 무는 여성은 짝사랑을 하고 있다.

③ 목소리가 고운 여성은 섹스에 강하다.

④ 특정한 남자에 대한 찬미는 사랑의 표현이다.

⑤ 초면의 남성에게 말도 하기 전에 웃음부터 보이는 여성은 다정한 성격.

⑥ 입에 거품을 물고 말하는 여성은 다정하지만 고집이 세다.

⑦ 간교하고 교활한 사람의 행동과 특징은 사람을 바르게 정시하지 않고 눈동자가 자주 움직이며 사람을 대할 때 무정한 듯한 표정으로 냉소나 코웃음을 하고 위아래로 올려다보고 두서없이 급하게 말을 한다.

제5장

역량면접

우리의 현실

부존자원이 부족한 한국 경제가 국민소득 3만 달러 시대를 열기 위한 키워드는 핵심인재의 확보라는 것은 새삼 두말할 나위가 없다. 선진국을 뒤쫓는 과거전략(rule following)으로는 더 이상 한국경제가 3만 달러 국가로 대도약을 이뤄내기 힘들기 때문이다. 따라서 새로운 시장을 만들 수 있는 창조가 중요해졌고 이를 수행할 수 있는 A급 인재를 더 많이 확보해야 한다는 것이다. 이는 다른 선진국에서도 3만 달러를 달성한 시점에 A급 인재 비율이 모두 경제활동 인구 가운데 4%에 달했음을 보아도 알 수 있다.

A급 인재는 우리 기업이 그동안 앞 다퉈 찾아 나선 천재급 인재나 S급 인재가 아니다. 천재급 인재가 제시한 비전을 실행에 옮겨 구체화시키는 사람이 바로 A급 인재다.

이들 A급 인재는 기업에서 중요한 업무를 맡고 있으며 실적 면에서도 상위에 든다. 이들 A급 인재의 특징은 주어진 임무를 창조적으로 수행할 수 있는 실행능력(Creative in Execution)을 갖추고 있으며, 또 조직을 이끌고 나가는 팀워크와 리더십이 강할 뿐만 아니라 CEO와 하부를 연결할 수 있는 커뮤니케이션 통로로서 기능을 담당한다.

현재 우리 한국이 보유한 A급 인재는 약 40만 명 정도 된다고 한다. 정부가 3만 달러 달성 목표로 잡은 2015년을 기준으로 보면 전체 경제활동 인구 중 필요한 4%의 A급 인재 수는 80만 명 정도이다. 이를 토대로 보면 경제활동 인구 중 A급 인재의 확보, 즉 '인재' 육성이 시급하다고 볼 수 있다.

국가 차원에서 보면 법조인 2만 명, 의사 3만 명 등을 더 양성해야 하는 것으로 나타났으며, 행정부 내에서도 다양한 정책 입안자 2만 5천 명이 필요한 것으로 나타났다. 기업 부문에서는 중견기업 부장급 이상 직원 11만 명을 비롯해 금융 회계 등 전문가 5만 명 등 29만 명의 A급 인재를 확보해야 한다. 이 결과는 필요한 인재 수를 산출했다는 의미 외에 3만 달러 달성을 위해서는 더 많은 기업과 연구소 등이 인재를 양성해야 한다는 의미를 담고 있다.

자료출처: 매일경제 2006. 5.

평생 직장보다 평생 직업의 인식이 확산되고 있는 요즘, 기업 입장에서 보면 변화와 불확실성이 높은 경영 환경하에서 얼마나 훌륭한 비전과 전략을 세우는가보다 동일한 비전과 전략이라도 그것을 어떻게 실현할 수 있는가가 성공의 관건이 되고 있다.

아무리 훌륭한 전략을 수립하고 정교한 시스템을 구축한다 할지라도 그것을 제대로 구현하지 못한다면 무용지물이 되고 만다. 기업 운영에 있어 아마도 인재의 중요성에 대해 이의를 제기하는 사람은 없을 것이다. 대부분의 기업들은 인재의 중요성을 잘 알고 있으며, 우수인재의 확보와 유치를 위해 그 어느 때보다도 강도 높은 노력을 쏟고 있다.

하지만 어느 기업을 막론하고 인재들이 열정적인 의욕으로 업무에 몰두할 수 있게 하는 마술과 같은 프로그램이나 제도를 가지고 있는 기업은 없다. 새로운 인사제도나 정책들을 도입하고 실시하는 것보다는 오히려 자사의 인재 확보와 유지에 적용되는 기본 원칙에 대한 정확한 진단에서 출발하는 것이 문제해결의 열쇠가 될 수 있다.

적절한 금전적 보상은 우수인재를 확보하고 유지하는 데 반드시 필요한 필수요건이다. 낮은 수준의 임금을 받으면서 열정을 가지고 적극적으로 일할 사람은 거의 없다. 하지만 충분한 보상을 해준다고 해서 반드시 직원들이 일에 대해 만족하고 스스로 몰입해서 신바람 나게 일을 하는 것은 아니다.

대부분의 기업들은 좋은 인재가 오래 머물러 있지 않고 떠나는 본질적인 이유를 현재의 금전적 보상에 기인한다고 생각하는 경향이 있지만, 경쟁 기업들 간의 임금은 상호 비교과정을 통해 합리적인 수준에서 결정되기 때문에 기업 간 격차는 좁혀지고 있다. 최근의 조사 결과에 따르면, 직장에서 계속 근무하고 싶게 만드는 요인은 바로 자아성장이나 자신이 하고 싶은 일을 할 수 있는 기회라는 것이다.

결국 자신의 능력과 성과를 제대로 인정받고 자신의 재능을 마음껏 발휘할 수 있는 조직여건이 갖추어져 있으면 직원들은 회사를 떠나지 않고 스스로 동기부여 하여 열심히 일하게 될 가능성이 높다는 것이다.

평생 직장에서 평생 직업으로 고용 트렌드가 바뀜에 따라 이제 이직은 상시적이고 보편적인 현상이 되고 있다. 이러한 변화는 인재의 영입도 용이하게 하지만, 동시에 재능 있는 인재의 이탈도 그만큼 쉬워지는 양면성을 갖고 있다. 대부분의 기업들은 이 같은 우수 인력 유출 현상의 심각성을 충분히 인식하고 있지만 해결책을 제시하지 못한 채 미봉책만을 강구하고 있는 실정이다. 물론 이직률이 낮다고만 해서 무조건 좋은 것은 아니다.

성과 부진자나 부적응자가 이직하는 것은 바람직한 현상이기 때문에 어느 정도의 이직률을 유지하는 것은 기업운영상 불가피하지만 많은 기업들은 인재의 유출이 회사의 경쟁력에 심각한 정도의 타격을 입히기 전까지는 관리의 중요성을 인식하지 못하고 또다시 좋은 사람을 뽑으면 된다는 식으로 생각하는 경향이 있다.

이직률이 지나치게 높거나 우수인재가 계속 떠나가고 있는 상황을 어쩔 수 없는 시대의 흐름이나 상황의 한계로 인식해서는 안 된다. 만약 근본적인 원인을 치유하지 못한 채 계속 새로운 인력만을 뽑고 또 뽑는 악순환을 계속한다는 것은 눈에 보이지 않는 조직자원(시간, 비용, 인력)의 크나큰 낭비다.

기업들이 치열한 인재확보 전쟁에서 의외로 쉽게 버리지 못하는 고정관념이 있는데, 그것은 우수인재의 조건을 최고 학력으로만 고집한다는 것이다. 물론 우수한 지적 능력은 기업이 필요로 하는 인재의 기본조건이며, 선진기업들 역시 인재선발 과정에서 어떤 교육적 배경을 갖고 있느냐를 채용의 중요한 기준으로 삼기도 한다.

하지만 학력이나 유용한 기술, 전문적인 지식 등은 기본적인 필수 조건일 뿐, 그들은 행동이나 태도, 가치관에 더 중점을 둔다. 아무리 뛰어난 실력을 가진 인재라도 자사 문화나 경영철학에 맞지 않거나, 이를 한층 발전시킬 수 있는 사람이 아니라면 그들은 기꺼이 포기한다.

여기에는 '일에 필요한 모든 지식이나 스킬은 교육시킬 수 있지만 태도나 품성은 바꾸기 어렵다'는 인식이 밑바탕에 깔려 있기 때문이다.

조직에 필요한 진정한 인재는 반드시 학벌이나 머리가 좋은 사람이라고만 볼 수 없으며, 명문대 출신의 똑똑한 인재만을 우수인재의 조건으로 정의한다면 실제적으로 꼭 필요한 인재를 놓치는 경우가 부지기수로 발생할 수 있다.

요즘 직장 내에서 상사와 부하 간에 빈번하게 발생하는 대표적인 갈등이 바로 일과 삶에 대한 가치관의 차이로 발생하는 갈등이다.

과거 회사에 대한 충성심을 바탕으로 회사에 온갖 열정을 쏟았던 상사들 중에는 "우리 때는 밤을 새가면서도 일이 최우선이었는데 요즘 젊은 애들은 정신력이 부족해"라고 불평을 하는 사람들이 많이 있다.

이것은 기존 세대와는 달리 자신의 삶의 질을 높이려는 신세대의 욕구를 이해하지 못해서 생기는 현상이며 우수인재를 효과적으로 확보하고 동기부여 하기 위해 인식의 전환이 필요한 것 중의 하나가 바로 '일과 삶의 균형'에 관한 것이다.

이제 더 이상 직원들은 자신의 삶을 희생하면서 직장에서의 성공을 추구하지 않는다. 특히 새로운 세대들은 기성세대에 비해 일을 하는 시간과 자신의 삶을 영위하는 시간과의 조화를 더욱 중요시한다. 앞서 나가는 선진기업들은 이미 이러한 변화의 흐름에 맞추어 다양한 일과 생활의 균형 프로그램들을 도입하고 있는 실정이다.

생활의 질을 최우선으로 삼는 새로운 세대의 니즈를 충족시키고 기업이 요구하는 재능 있는 인재를 확보하기 위해서도 일과 삶에 대한 균형 있는 배려가 필요하다.

이제 관리자들이 고민해야 할 것은 조직원들을 얼마나 오랫동안 일하게 만드느냐가 아니라, 보다 생산적으로, 그리고 현명하게 일하게 만들 수 있느냐가 되어야 할 것이다.

이제 우수한 인재의 확보와 유지에 최선의 노력을 기울여야 하는 것은 더 이상 선택의 문제가 아니다. 기업들이 필요로 하는 인재는 자신이 하고 싶은 일에 열정을 가진 사람, 어려운 일을 두려워하지 않는 불굴의 의지를 가진 사람, 기술적 능력과 감성 지능을 동시에 갖춘 사람, 강한 승부 근성을 가진 사람, 새로운 것을 배우고 소화하는 학습 능력이 뛰어난 사람이다.

결국 한마디로 표현하면 이들은 엄청난 몰입과 의욕을 가진 사람들로서 이들이 즐거운 마음으로, 열정적으로 일할 수 있는 여건을 조성해야 하는데 요즘의 화두는 로버트 레버링 교수가 정립한 '일하고 싶은 조직(Great Place to Work)'이라는 개념으로 경영진과 구성원 사이의 신뢰(Trust), 구성원의 업무에 대한 자부심(Pride), 구성원 간 즐거운 관계(Fun)를 제시하고 있다.

그는 이 중에서도 경영진과 구성원 간 신뢰에 가장 높은 점수를 주고 있는데 신뢰 수준이 높은 기업일수록 경영성과가 좋으며 구성원의 이직률이 낮게 나타나며 기업과 조직이 발전하기 위해서는 구성원 간 신뢰가 무엇보다 중요하다는 의미다.

경영진들과 상담이나 설문조사 결과를 종합해 보면 상당수는 직원들의 역량 수준을 정확히 파악하지 못하고 있으며 신뢰하지 못하여 권한을 위임해 주지 못하고 있다. 부하 직원 또한 여러 가지 이유로 인해 경영진을 전폭적으로 믿고 따르지 못하고 있으며 심지어 어떤 기업은 내부 갈등이 심해 많은 직원들이 퇴사를 고민하고 있는 경우도 많다.

이처럼 상호 신뢰가 낮은 기업은 불필요한 관리와 통제에 많은 시간을 소모하고 있지만 개선되지 않으니 더욱 권위적으로 관리와 통제를 강화하는 악순환을 거듭하면서 경직된 문화가 조직 전반에 흐르고 있다. 또한 변화를 위해 새로운 제도를 도입하려 해도 직원들이 적극적으로 수용하거나 성공적으로 정착시키려는 노력을 기울이지 않는 특징을 보이고 있는데 이를 극복하고 상호간 불신이 큰 기업을 신뢰가 높은 기업으로 변화시키기 위해서는

첫째, 부족한 상호 신뢰 문제를 경영진과 구성원이 공유하는 것이다. 경영진과 직원들이 문제의 핵심이 무엇인지를 파악하고 공감대를 자연스럽게 형성해 간다면 신뢰의 기초가 다져지는 셈이다.

둘째, 양방향 커뮤니케이션을 활성화해야 한다. 경영진의 일방적인 의사전달이 아니라 직원들의 생각과 아이디어를 적극적으로 수렴할 수 있는 다양한 형태의 커뮤니케이션 채널과 방법이 필요하다.

셋째, 경영진과 직원들은 역량을 스스로 개발해 상대방에게 신뢰를 얻도록 해야 한다. 경영진의 리더십과 직원의 열정이 어우러진다면 회사를 발전시키는 응집력은 더욱 커져 성공하는 기업으로 발전할 수 있다.

사람들이 자발적으로 찾아오고 스스로 몰입해서 일할 수 있도록 '일하고 싶은 조직(Great Place to Work)' 기반을 구축하는 것에 지원과 투자를 아끼지 말아야 하며 조직원들도 이러한 역량을 구비한 A급 인재가 되기 위해 끊임없이 자기계발을 해나가야 한다는 것은 두말할 나위가 없다.

관상어 코이 이야기

일본에서 3월 3일은 '히나마쓰리'라 하여 여자아이들을 위한 명절

이고, 5월 5일 단오엔 '코이노보리(잉어깃발)'를 세워 남자아이들의 건강과 출세를 비는 풍습이 있는데 4월 말쯤이면 일본의 마을 곳곳에서 코이노보리가 나부끼는 것을 흔히 볼 수 있다.

코이노보리는 황하의 용문까지 헤엄쳐 올라온 잉어는 용이 되어 승천한다는 중국고사 '등용문'에서 유래하였다.

어항 속 : 5~8 Cm

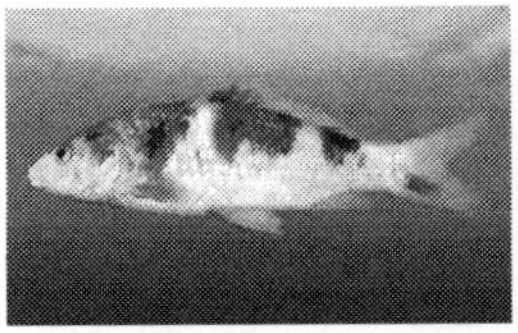

수족관 : 15~25 Cm

강물 : 90~120 Cm

일본 사람들이 많이 기르는 관상어 중에 '코이'라는 잉어가 있는데 이 잉어는 어항에 넣어두면 5~8센티, 수족관에 넣어두면 15~25센티, 강물에 방류하면 90~120센티미터까지 자란다.

자신이 숨 쉬고 활동하는 환경에 따라 조무래기가 될 수 있고, 대어가 될 수도 있다. 우리가 인재를 선발하여 조무래기를 만들 것인지 대어를 만들 것인지는 경영자의 생각의 크기에 따를 수밖에 없는 환경이다.

그러므로 경영자들은 인재의 선발에만 관심을 가질 것이 아니라 그들을 어떻게 육성하여 대어를 만들지에 대하여 심각한 고민이 필요한 시점이다.

채용

1. 한국의 채용현황

1) 신규채용

신규채용은 연간 1~2회(상반기: 2~4월, 하반기: 9~11월)에 걸쳐 공개채용(22%), 수시채용(60%), 혼용(18%)의 비율로 채용하고 있으며 지원자 배수: 평균 210:1 정도로 채용절차는 3~4round 방식은 서류전형－면접－신체검사 순으로, 4round 방식은: 서류전형－면접(실무)－면접(임원)－신체검사 순으로 진행하고 있는 실정이다.

면접시간 평균 1시간 내외에 면접방법은 3:3 면접(면접관 vs 지원자)을 선호하고 있다.

면접관 교육은 참가사 중 33%가 평균 연 1회 1일(8시간) 교육을 시행하고 있는 것으로 나타났다.

주요 면접 질문은 지원동기(25%), 관련분야 지식(24%), 인생관/가치관(23%)의 비율로 질문하였으며 인/적성검사는 참가사 중 40%가 시행하고 있으며 대부분의 회사가 서류전형 합격 후 실시하는 것으로 나타났다.

채용 시 선발기준은 역량(50%), 경험(16%), 성향(14%), 사회성(11%) 순이며 주요 역량 항목에서는 조직적응력, 커뮤니케이션, 성실/근면, 열정 등에 관심을 가지고 있으며 1인당 채용 예산은 평균 2,000,000원 정도를 투자하고 있다.

2) 경력채용

경력자 채용은 수시채용(85%), 혼용(14%), 공개채용(1%) 순으로, 채용절차는 3round 방식을 선호(서류전형－면접－신체검사)하는 경향이 있다.

면접시간은 평균 1.3시간 내외에 1:1 또는 2:1 면접(면접관 vs 지원자) 방식을 선호하며 주요 면접 질문은 관련분야 지식(29%), 구체적 과거활동(25%), 지원동기(18%)이며 인/적성검사는 참가사 중 21%가 서류전형 합격 후 시행하며 채용 시 선발기준은 역량(43%), 경험(38%), 사회성(6%)에 중점을 둔다.

2. 채용의 주요 이슈

모집/유지에서는 ① 원하는 인재 지원자 확보 어려움, ② 채용경로의 다양화, ③ 지원자 역량부족, ④ 보상 수준의 강화 필요성, ⑤ 회사 선호도 향상 필요성 등이 이슈이다.

선발과정에서는 ① 면접방법의 개선 필요성, ② 선발기준의 명확화, ③ 조직 문화 적합성 파악 어려움, ④ 선발 기법의 지속적 개발, ⑤ 채용 프로세스 체계화 미흡이 가장 큰 문제점으로 드러났다.

3) 채용 시장의 변화

신입을 대규모로 채용하기보다는 경력자를 소규모로 우선 채용하여 성과 창출 중심으로 변화하고 있으며 면접과 객관적인 Tool을 활용한 선발로 채용의 투자적 의미가 강화되고 있기 때문에 인재의 공통성으로 지원자의 빈익빈, 부익부 현상이 심화되고 있다.

4) 채용 실패 기업들의 특징

수요자 중심의 시장에 안주하여 유행에 따라 움직이는 안이한 채용 기준(대학의 명성, 학력)에 의한 채용과 불투명한 채용 방법에 대한 시장 평가 악화로 실패하고 있다.

5) 채용 성공 기업들의 특징

지원자들에게 철저한 CS(Customer Service)를 제공하고 전문 평가자 또는 고성과자에 의한 면접을 실시하여 인재에 대한 정확한 분석 및 파악(면접 능력)과 충분한 면접 시간의 확보로 향후 수행할 업무에 대한 명확한 이미지를 제시하여 성공했다.

6) 면접과 스키마(Schema)

스키마라는 것은 마음속으로 반드시 그러하다고 믿고 있는 생각으로 스키마를 통하여 인식의 왜곡이 발생하기 때문에 면접 시 이러한 인식의 왜곡이 발생하는 것을 최소화하는 것이 중요하며 특히 선택적 추상화에 대한 주의가 필요함.

질문기법

면접은 질문하고 답하는 과정으로 질문은 사람들의 생각을 자극하므로 질문에 따라 사고방식이 바뀌고 질문이 사람을 만든다. 질문은 생각을 결정하고 생각은 마음가짐을 결정하고 마음가짐은 행동을 결정하며 긍정적인 질문은 긍정적인 대답을 얻고 부정적인 질문은 부정적인 대답을 얻기 때문에 면접 시 긍정적인 질문이 바람직하다.

질문은 마음을 열고 사고의 폭을 넓혀 문제의 핵심으로 들어갈 필요가 있거나 좀 더 자세한 정보가 필요할 때 질문기법을 활용하는데 면접에서 질문은 우리를 문제의 근원으로 데려다 줄 수 있으며 누가, 언제, 어디서, 무엇을, 왜 어떻게 등은 가장 기본적인 질문이다. 뛰어난 면접자는 지원자가 가진 정보를 지원자가 부담을 느끼지 않는 범위에서 구조적으로 준비된 질문을 해야 한다.

질문의 목적은 지원자가 지닌 현재의 인지구조의 특성과 수준을 알아보려는 목적으로 던지는 진단적 질문과 지원자의 사고를 자극함으로써 현재 그가 지닌 구조의 한계를 자각하여 보다 높은 구조를 지니도록 유도하기 위해 던지는 해체적 질문이 있다.

질문의 내용

정서 상태, 신체반응, 행동, 생각, 신념 및 자기 대화, 문제가 발생하는 맥락, 인간관계 등 문제 행동을 이해하기 위한 질문과 정서, 신체, 행동, 인지, 맥락, 관계 등 문제 행동의 유발 요인을 알아내기 위한 내용의 질문이 있다.

정서, 신체, 행동, 인지, 맥락, 관계 등 문제 행동의 결과 알아내기, 문제 행동에 부수적으로 따라오는 이익 확인하기, 이전에 시도했던 문제해결 노력 탐색하기, 지원자의 적응기능, 강점 및 자원 찾아내기, 문제에 대한 지각 탐색하기, 문제의 빈도, 지속시간, 심각성 확인하기 등도 있다.

질문 시 유의 사항

질문 시 유의할 사항은 지원자에게 질문에 대한 준비를 시키고, 질문에 너무 의지하지 말며, 지원자의 관심사에 적절한 질문을 하고, 민감한 부분은 조심스럽게 접근하며, 이중 질문을 해서는 안 된다.

질문형식

개방형 질문은 대화 상대로부터 생각을 하게 만들어서 심층적인 대답을 요구한다. 함께 참여해서 의견을 교환하면서 토의를 이끌어 내며 스스럼없는 대화가 이어질 때 사람들은 자기 자신과 자신의 감정과 의견에 대해 이야기하기를 좋아하는데 개방형 질문은 이 모든 것이 가능하다.

① 예

- 지난 번 직장에서 어떤 일을 하셨나요?

• 어떻게 그런 결정을 내리게 되었나요?

폐쇄형 질문은 대답하기 쉬워 필요로 하는 정보를 얻을 수 있으며 신속하게 정보를 구할 때 유용하며 그렇다. 아니다. 또는 단답형의 대답을 얻게 되며 대화가 빗나갈 때 원점으로 되돌리기 위해 사용할 수 있으며 때로는 어떤 합의 사항에 대해 확인할 때 사용할 수 있다.

① **예**

- 그 회의는 언제 시작하죠?
- 보고서를 끝냈습니까?

② **단 점**

- 응답자의 사고를 자극하지 않는다.
- 대화가 계속 이어지지 않는다.

혼합형 질문
면접자는 원활한 면접을 위하여 혼합형 질문을 사용할 수 있다.

폐쇄형 질문을 개방형으로 바꾸는 방법은 개방형 질문이나 폐쇄형 질문에 어떻게, 무엇을, 할 수 있다 등과 같은 단어를 한두 마디만 덧붙이면 개방형 질문이 된다.

① **예**

- 폐쇄형: 내가 도와줄까요?

- 개방형: 내가 무엇을 도와줄까요?

- 폐쇄형: 그 임무를 끝내지 않았습니까?
- 개방형: 그 임무를 끝낼 수 없었던 어떤 이유가 있었습니까?

- 폐쇄형: 내가 전에도 그렇게 말하지 않았나요?
- 개방형: 당신을 이해시키려면 내가 어떤 식으로 말해야 했을까요?

일반적인 질문과 구체적인 질문

① **일반적인 질문**
당신은 지금 하는 일을 좋아하십니까?
② **보다 구체적인 질문**
당신이 지금 하는 일에 대해 어떻게 생각하십니까?
③ **가장 구체적인 질문**
당신이 하는 일에서 가장 어려운 문제 세 가지는 무엇입니까?

유도질문은 원하는 대답을 하도록 증인을 유도하는 것으로

① 어떤 대답을 제안한다: 이것이 좋은 해결책이라 생각하는가?
장점에 대해서만 대답이 나오도록 하는 방법으로 면접 시 사용하지 않는 방법이다.

이중질문과 질문공세

① 이중질문이란 한꺼번에 두 가지를 동시에 묻는 것이라 할 수 있다.
- 예: '자네는 졸업 후에 대학원 진학을 하고 싶은가? 아니면 취직을 하고 싶은가?'로 질문하여 두 가지의 선택밖에는 할 수 없도록 몰아가는 느낌을 준다.

② 질문공세는 동시에 여러 가지 질문을 한꺼번에 대답할 겨를도 없이 던지는 것을 말하며 일방적으로 질문이 제시되는 경우가 해당된다.

질문능력의 향상방법

일상생활 시 사람들이 질문하는 것을 관찰하면서 대화에 귀를 기울여 경청해 보며, TV 대담프로그램 등에서 전문 사회자와 기자들이 하는 이야기를 들어본다. 힘을 가진 사람이 누구이고 질문을 누가 하느냐에 따라 그 힘이 어떻게 바뀌는지 관심을 가지고 보고, 듣고, 연습함으로써 질문능력을 향상시킬 수 있다.

질문의 7가지 힘

1) 질문을 하면 답이 나온다: 질문을 받으면 대답을 하지 않을 수

없다. 이러한 의무감을 응답반사라고 한다.

2) 질문은 생각을 자극한다: 질문은 질문을 하는 사람과 질문을 받는 사람의 사고를 자극한다.
3) 질문을 하면 정보를 얻을 수 있다: 적절한 질문을 하면 원하고 필요로 하는 정보를 얻을 수 있다.
4) 질문을 하면 통제가 된다: 모든 사람은 스스로 상황을 통제하고 있을 때 편안하고 안전하게 느끼고 질문은 대답을 요구하므로 질문을 하는 사람이 유리한 입장에 서게 된다.
5) 질문은 마음을 열게 한다: 사람들은 자신의 사연, 의견, 관점에 대한 질문을 받으면 우쭐해진다. 질문을 하는 것은 상대방과 그의 이야기에 관심을 보여주는 것이므로 과묵한 사람이라도 자신의 생각과 관점을 드러낸다.
6) 질문은 귀를 기울이게 한다: 적절하게 질문을 하는 능력을 향상시키면 보다 적절하고 분명한 대답을 듣게 되고, 중요한 일에 집중하기 쉬워진다.
7) 질문에 답하면 스스로 설득이 된다: 사람들은 누가 해주는 말보다 자기가 하는 말을 믿는다. 사람들은 자신이 생각해낸 것을 좀 더 쉽게 믿으며, 질문을 요령 있게 하면 사람들의 마음을 특정한 방향으로 움직일 수 있다.

질문 전에 확인사항

질문 전에는 반드시 이 질문을 해서 정확히 내가 얻으려 하는 것은 무엇인가? 누구에게 질문할 것인가? 질문을 하기에 적절한 시기나 상황은? 타이밍이 중요하다. 이 질문은 어떤 영향을 미칠까에 대해서 확인이 필요하다.

역량

역량(Competency)이란?

✔ 특정 직무를 수행하는 데 있어 우수 성과자가 나타내는 차별적인 행동 특성, 지식, 기술들의 집합이다.

－맥클러랜드(McClleland, 1973)－

핵심역량(Core Competency, Job Competency)

성과달성에 결정적인 역할을 하는(또는 비교우위가 있는) 개인, 조직의 독자적 역량이다.

예) 자동차회사의 신제품 개발능력이나 보험회사의 고객서비스 등

핵심역량의 구조

핵심역량은 수많은 역량요소들 가운데 성과도출 및 향상에 결정적인 기여를 하는 역량으로 관리역량, 역할역량, 직무역량으로 구분할 수 있다.

Core Competency의 구조와 분류

대분류	중분류	소분류
관리역량	임원역량	전략설정능력 / 비전수립 및 제시능력 / 의사결정능력 / 환경대응능력 / 환경대응 변화주도능력
	관리자 역량	조직화능력 / 팀워크능력 / 부하육성능력 / 조정능력 / 진도 관리능력
	팀원역량	정보화능력 / 의사소통능력 / 고객지향성
역할역량	기본역량	적극성 / 책임감 / 창의력
	차별화역량	직급별 / 계층별 종적역량 체계
직무역량	기본역량	기획력 / 분석력 / 문제해결력 / 업무지식
	특수역량	직군별 · 직무별 횡적구분 / 숙련도별 종적 구분

유사개념 정리

능력은 직무수행에 필요한 보유능력이며 성과를 올리기 위해 요구되는 잠재능력이자 기대능력이며, 역량은 성과를 실현하는 데 필수적인 발휘능력이며, 행동을 동반한 겉으로 드러나는 능력이다.

■ 지식(Knowledge)은 어떤 특정분야에 대한 분명하면서도 관련이

있는 독창적 사실과 정보 및 원칙의 집합으로 공식적 교육훈련의 결과로서 보다 조건부적이고 개선 가능성이 높음

- 스킬(Skill)은 학습이나 훈련의 결과로서 보다 조건부적이고 개선가능성이 있다
- 능력(Ability) 상이한 과업의 특정영역을 수행할 수 있는 비교적 오랫동안 지속되는 개인의 일반적 가능성의 특질이 높다.

창의적인 인재

현재와 미래의 경영환경에서 탁월한 능력을 발휘할 수 있는 사람은 자신의 기본적인 업무를 잘하는 것을 전제로 창의성까지 갖춘 인재가 필요하다. '창의적인 사람은 어떤 사람인가?' 창의적인 사람은 먼저 스스로 창의적인 사람이라고 확신하는 것이 필요하다. 즉 자기에 대하여 자신감을 갖고 아래의 8가지 조건들을 만족시키기 위해 노력하는 사람이 창의적인 사람이다.

1) 고정관념의 틀

자신은 창의적인 사람이 못 된다는 고정관념의 틀에서 벗어나 나도 무엇인가 창의적인 일을 할 수 있는 사람이라고 생각하는 것이 중요하다. 이 세상 모든 사람들은 태어날 때 창의력을 가지고 태어나기 때문에 스스로 창의적인 사람이라고 믿고 나도 할 수 있다는 마음을 가지고 실천할 때 새로운 아이디어를 생각하고 일하는 방법

을 바꾸려고 노력하게 된다.

2) 경청하는가?

우리는 상대와 눈높이를 맞춘다고 하지만 사실은 자기 눈높이로 모든 것을 판단하고 상대의 이야기를 듣기보다는 자신의 이야기를 하기 좋아한다. 고객의 이야기에 귀를 기울이기 위해서는 상대의 처지와 입장을 배려한 눈높이에서 상대의 말을 공감적 이해를 하면서 들어야 한다. 잘 들어야 잘 대답하거나 질문할 수 있기 때문이다.

3) 도전적인가?

스스로 창의적인 사람이 되기 위해서는 실패를 두려워하지 않고 새로운 일, 어려운 일에 도전할 수 있어야 하며 실패에 대한 두려움이 앞서면 아무것도 시도를 하지 못한다. 아무리 창의적인 생각이 떠올라도 실패를 두려워하면 실행을 하지 못하고, 설사 실행에 옮길지라도 실패를 염두에 둔다면 성공하지 못할 것이며 성공이란 한 번의 시도로 이루어지는 경우가 드물다. 몇 번의 실패를 거듭한 끝에 실패 속에서 학습한 것을 바탕으로 성공하는 것이다.

4) 차별성이 있는가?

다른 사람이 모두 생각하고 있는 것을 내가 생각해 낸다면 생각에 있어서의 차별성은 없다. 그러나 다른 모든 사람들이 알고 있어도 실행하지 않는 것을 내가 실행한다면 그것은 차별성이 있는 것이다. 행동으로 발휘한 차별성은 곧 창의적인 것이다.

5) 미래를 보고 있는가?

같은 일을 해도 어떻게 하면 더 좋아질 것인가? 어떻게 하면 더 좋고, 더 싸게 만들까를 항상 새로운 눈으로 보려고 노력할 때 미래를 보는 혜안이 열린다.

개발지역의 초기에는 허허벌판에 말뚝만 몇 개 박혀 있는 경우가 대부분이다. 부동산 업자들은 개발지에 대한 정보를 가지고 있기 때문에 여기에는 4거리가 생기고, 저기에는 시청이 들어서고, 저 너머에는 상가가 들어설 것을 알기 때문에 그 정보를 판다. 우리가 무얼 하든지 정보가 필요하고 정보를 바탕으로 미래를 보는 능력이 있어야 한다.

6) 생각을 자유롭게 할 수 있는가?

창조성의 기본은 생각이 한곳에 머물지 않고 자유로운 발상이 가능해야 하는데 자유로운 발상의 기본은 생각을 더하고, 빼고, 뒤집는 작업을 함으로써 훌륭한 아이디어를 만들 수 있다. 뛰어난 아이디어를 만들어 내려면 뛰어난 지식과 정보가 있어야 한다. 마찬가지로 창의적이 되려면 평소에 정보 입력을 많이 해놓아야 한다. 또한 문제가 생길 때 뒤집어 생각하면 풀리는 경우가 많은데 뒤집어 생각하는 것이 창의적인 발상의 시작이다.

자유발상법은 양이 질을 선도할 수 있다는 전제를 깔고 있다. 창조적이기 위해서는 모든 면에서 관대하고 융통성 있는 기준을 가져야 한다. 너무 규칙과 규정에 얽매이다 보면 창조적인 발상을 할 수가 없다.

방법은 자유로운 생각을 통하여 가능성이 있는 모든 아이디어를 만들어내는 것이다. 아무리 황당한 아이디어라도 모조리 써놓았다가 나중에 스스로 평가를 해보기 위해서는 평소에 자유발상을 메모하는 습관을 길러야 한다.

무수히 떠오르는 발상을 실현가능성과 관계없이 사소한 아이디어라도 먼저 적는다. 무슨 일이든 자그마한 것에서부터 시작하여 큰 것으로 발전한다. 사람들은 습관적으로 사소한 일을 경시(輕視)하는 경향이 있는데 예를 들면, 평상시에 별안간 머릿속에 전광석화(電光石火)처럼 번득이는 아이디어를 별로 대수롭지 않게 여기기 쉬운데 떠오른 아이디어를 자신의 것으로 잡아두기 위해서 메모는 필수적이다.

7) 질문을 많이 하는가?

유태인 부모들은 아이가 학교에서 돌아오면 오늘 학교에서 선생님에게 무엇을 질문했는지를 묻는다. 자신의 의문점을 생각해서 질문하면 90%를 이해하며 기억 또한 오래간다. 질문법은 변화와 개선을 추구하기 위해 무엇이 필요한가를 질문하는 것이다. 물론 질문을 위해서는 평상시에 질문을 종이에 써 놓아야 한다. 끊임없는 질문들을 계속적으로 만들고, 이해관계인들에게 질문을 하여 답변을 구하는 것이다. 질문의 대상이 다양하면 다양할수록 좋다.

8) 항상 무언가를 생각하는가?

유사한 업종이나 유사한 취미를 가진 사람들과 교류하며 새로운 생각에 대한 교환작업을 지속적으로 할 수 있어야 나의 정보를 주고 타인의 정보를 받아 더 높은 차원의 창의력을 발휘할 수 있다. 우리가 독창성을 발휘하기 위해서는 고정관념의 틀을 과감하게 벗어나 우리의 모든 감각기관을 총동원하여 시각 · 청각 · 미각 · 후각 등 오감(五感)에 의해 생성되는 모든 아이디어를 기록하고, 나중에 이를 평가하여 조합하는 일을 습관적으로 실행할 수 있는 사람이 창의적이며 실용적인 사람이다.

핵심인재의 선발

국내 기업의 인사 · 노무 담당자들은 대졸 신입사원들이 업무 능력에 비해 한 해에 312만 원이나 많은 임금을 받고 있다고 생각하는 것으로 나타났다.

한국경영자총연합회(경총)는 100인 이상을 고용하고 있는 국내 321개 기업의 인사 · 노무 담당자를 대상으로 '대졸 신입사원 업무 능력 평가조사'를 실시한 결과, 대졸 신입사원들이 능력에 비해 급여를 평균 16.1% 더 받고 있는 것으로 조사됐다고 6일 밝혔다.

경총이 조사한 능력에 따른 적정 대졸 초임은 월 161만 4000원으로 실제 평균임금인 187만 4000원보다 월 26만 원, 연간 312만 원의 차이를 보였다.

업무 능력과 실제 임금 사이의 격차는 대기업 신입사원들에게서 더 크게 벌어졌다. 대기업 대졸 신입사원들은 자신의 업무 능력에 비해 연간 420만 원을 더 받고 있는 데 비해 중소기업에서는 연간 177만 6000원을 더 받고 있는 것으로 조사됐다.

대기업 인사담당자들은 신입사원들의 능력에 따른 적정 임금으로 월 188만 6000원(연봉 기준 2263만 2000원)을 꼽아 실제 평균임금인 월 223만 6000원(연봉 기준 2683만 2000원)과 18.6%의 차이를 보였다.

이에 비해 중소기업에 입사한 대졸 신입사원의 능력 대비 임금은 월 151만 8000원(연봉 기준 1821만 6000원) 선으로 실제 임금인 월 166만 6000원(연봉 기준 1999만 2000원)과 9.7%의 격차에 그쳤다.

이에 대해 경총은 "대기업이 우수 인력 확보와 기업 이미지 제고 등을 위해 경쟁적으로 대졸 초임을 높게 책정한 데 원인이 있다"고 분석했다.

지난 한 해 동안 대졸 신입사원 5명 가운데 1명은 업무 적응에 실패해 회사를 그만둔 것으로 조사됐는데 1년 안에 회사를 그만둔 비율은 20.6%로

- 조직 및 직무 적응 실패(48.5%)
- 급여 및 복리후생 불만(27.3%)
- 공무원 및 공기업 취업 준비(13.6%)
- 진학 또는 유학(5.3%)이 주된 이유로 나타났다.

특히 중소기업의 경우 신입사원의 32.5%가 1년 안에 그만두는 것으로 나타나 대기업 퇴사율(11.3%)보다 21.2% 포인트 높았다.

한편 대졸 신입사원들의 업무에 대한 만족도를 100점 만점으로 했을 때 응답자의 48.5%는 C학점에 해당하는 70~79점을 매겼고, 35.0%는 80~89점, 12.7%는 60~69점으로 평가했다.

자료출처: 한경

우리는 업무 능력에 비하여 과도한 지출을 하고 있는데 이는 선발과정에서 우리에게 꼭 필요한 인재를 선발한 것이 아니라 표준인재를 선발하였기 때문이며 문제를 해결하기 위하여 기질면접을 통한 우리 기업에 딱 맞는 맞춤형 인재의 선발이 필요한 이유다.

명품급 인재가 되는 법

1) 현재 자리에서 새로운 각오로 시작한다.
2) 자신의 자질과 적성을 분석한다.
3) 자기 분야에서 1인자가 되겠다는 각오를 세운다.
4) 사내에서 나의 포지션을 확실히 만든다.
5) 장점을 살리고 단점을 과감하게 버린다.
6) 나의 핵심 역량을 구축하는 개인 구조조정을 단행한다.
7) 제너럴리스트가 되기보다는 스페셜리스트가 된다.
8) 직장에 대한 5년 주기 장기 계획을 세운다.
9) 1년 주기의 단기 계획을 세운다.
10) 목표를 실행하기 위한 자기계발 프로그램을 만든다.
11) 건강관리에 충실한다.
12) 유연한 사고, 긍정적인 태도, 적극적인 도전의식을 갖는다.
13) 변화를 두려워하기보다 기회로 삼는다.

글로벌 인재의 채용

1) 뛰어난 커뮤니케이션 능력이 있는가?
2) 자신의 업무에 대한 전문성을 갖고 있는가?
3) 유연한 사고와 원만한 대인관계를 갖고 있는가?
4) 자신에 대한 투자를 아끼지 않는가?
5) 국제적 대인 네트워킹 구축을 게을리 하지 않는가?
6) 맡은 일을 책임지고 이행할 수 있을 정도로 성실한가?
7) 예스 또는 노를 빠르게 결정할 수 있는가?
8) 정보를 수집하고 적극적으로 활용하는가?
9) 끝없이 자신을 계발하는가?
10) 스스로 회사의 주인이라고 생각하는가?
11) 생각의 속도에 따라 행동하는가?

자료출처: 유순신 / 나는 희망에 스카우트 한다

중간관리자의 채용

최고경영자의 뜻을 번역해 단순히 직원에게 전달하는 정보 전달자 또는 일상적인 업무의 조정적인 역할만을 수행하는 관리자는 필요 없다. 기업 내 경영 혁신을 추진하고 대외적인 경쟁력을 확보해 가는 기업의 중추적인 영역에서 구성원 개개인의 능력을 제품 개발 등 구체적인 새로운 가치 창조에 연결하는 관리자가 필요하다.

이제 기업경영은 최고경영자의 의지나 능력만으로는 경영하기가 어려우며 구성원의 창의적 요소를 얼마나 잘 끌어내고 사업화하느냐에 따라 그 성공 여부가 판가름 난다. 이 과정에서 중간관리자의 역할이 중요한 것이며 조직의 구성원들은 나름대로 이해관계가 다르며 이에 따라 조직은 항상 갈등요소를 안고 운영된다. 이러한 이해관계를 조정하고 기업이 원하는 방향으로 끌고 가기 위해서는 관리(Management)와 관리자(Manager)의 존재는 필수적이다. 제한된 자원을 배분하고 인력과 업무를 조율, 관리하는 관리 기능이 존재하지 않는 조직은 유지될 수 없다.

이런 점에서 현재도 그렇고 앞으로도 기업의 성패는 관리자의 역량에 크게 좌우될 수밖에 없다. 국가나 업종, 기업의 형태에 따라 다소 차이는 있지만 성공적인 관리자가 되기 위해서는 다음과 같은 요건을 구비하고 있어야 한다.

1) 정보 수집 및 처리능력

성공적인 관리자는 끊임없이 정보를 수집하고 이를 통해 어떤 상황이 발생하기 전에 예견하고 이에 대처할 수 있는 시간을 벌어두어야 한다. 정보의 단순처리보다는 이를 통한 지식 창조를 해야 한다.

또한 막대한 정보를 다른 사람들이 쉽게 활용할 수 있도록 일정한 형식으로 이를 단순화할 수 있어야 하며 일정한 틀로 정형화된 정보나 전략이 목표달성에 적합하지 않을 때는 과감하게 기존의 틀을 포기하고 새로운 틀을 짜는 융통성도 발휘할 줄 알아야 한다.

2) 팀워크 구축

사람을 다룰 줄 알아야 한다. 인력관리에 뛰어난 관리자라면 자신이 지향하는 목표를 달성하기 위해 구성원의 지지와 협력이 절실하다는 점을 잘 알고 있다. 팀을 조화롭게 운영하고 팀 내 인력의 자기개발을 돕는 것은 결국 기업실적을 높이는 효과를 가져온다.

3) 탁월한 표현능력

뛰어난 관리자는 항상 상대방을 설득시키기 전에 경청의 자세를 견지해야 하며 상대방의 말을 경청할 때만이 상대방을 설득시킬 수 있다는 확신을 가지고 자신이 주장하는 바를 논리정연하게 밝힐 수 있어야 한다. 성공적인 관리자는 자기 시간의 80% 이상을 다른 사람들과의 커뮤니케이션에 투자해야 한다.

4) 동기부여 능력

원대한 목표를 정해 놓고 목표달성을 위해 구성원들의 힘을 결집시키는 데 동기부여는 커다란 역할을 한다. 뛰어난 관리자는 어떤 사안에 대해 결코 사후처방식으로 대응하지 않고 적극적인 자세로 항상 앞서서 대응하고 조직원들이 이에 따르도록 동기를 부여한다.

성공적인 관리자에게 있어서 위의 4가지는 필수적이지만 아무리 뛰어난 관리자라 할지라도 이들 요소를 모두 완벽하게 갖추기는 어렵다. 그러므로 항상 학습하는 자세가 필요하다.

5) 자신의 약점을 인정

성공적인 관리자는 결코 자신이 완벽한 것처럼 행동하지 않는다. 팀 내 조직원들은 자신의 경쟁상대가 아니라 상호보완적인 존재라는 사실을 깨달아야 한다. 이처럼 약점을 인정하고 다른 팀원의 도움을 받으면서도 관리자는 이들과 차별성을 갖기 위해 노력해야 하며 조직의 비전을 제시하고 직원들을 동기부여 하여 높은 성과를 창출할 수 있다.

6) 사람을 리딩하라

제품은 관리하지만 사람은 리딩해야 한다. 아무리 업무를 성실하게 추진하더라도 사람을 리딩하는 능력이 부족한 관리자는 최고의 경영자가 되기는 어렵다. 결국 조직원들과의 협력과 화합이 관리자로서의 성공 여부에 커다란 영향력을 발휘하게 된다.

■ 조직 중간관리자의 4가지 유형

① 1위. 똑게(똑똑하고 게으른 중간관리자)

똑게가 중간관리자로 앉아 있으면 조직에 가장 이롭다 할 수 있다. 먼저 똑똑하기 때문에 조직이 나아가야 할 방향을 알고 있다. 또 일이 잘되어 가고 있는지 잘못되고 있는지도 파악할 수 있는 능력이 있지만 결정적으로 게으르기 때문에 자기 스스로 나서서 일하는 걸 싫어한다. 그래서 보통 부하들에게 일을 시켜놓고 중간중간에 가끔 체크해서 잘못된 방향으로 가고 있으면 바로잡고 시시콜콜한 건 귀찮아서 간섭하지 않는다. 이런 타입의 상사 밑에서는 배울 것이 많으며 결국 뛰어난 인재들을 양성하게 되어서 조직 전체의 입장에서는 좋다.

② 2위. 똑부(똑똑하고 부지런한 관리자)

똑부는 스스로 똑똑한데다가 부지런하기까지 하니까 부하가 일 가지고 버벅대는 것을 보느니 차라리 자기가 일을 다 해 버리고 만다. 뭐 방향감각도 좋고 나름대로 결과도 나오니 조직 전체의 입장에서는 뭐 그 나름대로도 괜찮다고 할 수 있겠다. 가끔 똑똑한 부하를 만나면 시너지효과를 일으켜 큰일을 해내기도 한다. 하지만 조직이란 것 자체가 뛰어난 사람을 위한 것이라기보다는 보통의 사람들이 뭉쳐서 안정된 결과를 얻기 위한 것이다. 아울러 한두 명이 빠진다고 휘청댄다면 그건 이미 조직으로서의 기능을 상실한 것이다. 즉 뛰어난 그 사람이 아니면 일이 돌아가지 않으면 그것은 더 이상 조직이 아니다.

③ 3위. 멍게(멍청하고 게으른 관리자)

멍청해서 윗사람이 한 말의 진의를 파악하지 못하고 조직 전체가 어떻게 가야 할지에 대한 개념은 없지만 게으르기 때문에 큰 사고는 치지 않는다. 한마디로 복지부동형. 어차피 조직에는 이런저런 사람들이 있기 마련이고 소수의 똑똑한 사람이 방향을 제대로 잡고 가면 그럭저럭 쓸 만한 결과가 나온다. 멍게타입의 중간관리자는 이롭지도 않지만 그렇게 큰 해가 되지는 않는다.

④ 4위. 멍부(멍청하고 부지런한 관리자)

이런 사람이 많으면 그 조직은 망한다고 할 수 있다. 한마디로 화약을 짊어지고 불로 뛰어드는 스타일. 방향감각이 없을뿐더러 아주 열심이기 때문에 가끔 빠른 시간 안에 어떻게 이렇게 일을 망칠 수 있을까 하는 의문이 들 정도의 결과를 내기도 한다. 또 안 좋은 점은 쓸 만한 부하 직원들은 똑부 똑게 멍게 스타일의 상관 밑에서는 나름대로 버텨나가는데 멍부 스타일 밑에서는 버텨내질 못한다. 즉 미래의 희망이 될 만한 쓸 만한 부하 직원을 조직에서 쫓아내는 역할마저 한다. 이들의 대표적인 정신으로는 3무 정신을 들 수 있는데 무개념, 무계획, 무책임이다. 일을 할 때 개념이 없는 상태에서 계획을 세우며 또 밀어붙여서 나쁜 결과가 나왔을 때 책임은 지지 않는다.

임원의 채용

조직의 필요에 맞게 임원을 채용하고 유지하는 방법을 알고 있으면 빈번히 임원을 교체하지 않아도 된다. 이 문제가 얼마나 심각한 것인지 살펴보자. 한 조사에 따르면 신임 임원 가운데 35%는 실패로 끝나고, 40%는 18개월 내에 자의나 타의로 회사를 떠나며 불만족스러운 평가를 받는다고 한다. 또한 '포천'지 선정 500대 기업에서 지난 10년간 거쳐 간 CEO의 수는 평균 2.3명이다.

최근 들어 CEO의 재임기간이 점점 짧아지고 있고 그 비용은 엄청나다. Michael Ovitz는 Walt Disney Co.의 회장직을 불과 14개월 재임하고 사퇴했는데, 그 비용은 현금과 스톡옵션을 포함해서 총 9,000만 달러에 이르는 것으로 추정되고 있다. AT&T사의 사장이었던 John R. Walter는 9개월 남짓 재임 후 이직했는데 해직비용이 2,600만 달러에 이르는 것으로 평가되고 있으며, 또한 통신 산업의 특성에 적합하지 않은 사람이라는 오명을 남기고 물러났다. Apple사를 불과 18개월 이끌다가 퇴임한 Gilbert F. Amelio는 약 700만 달러의 해직비용을 초래한 것으로 계산된다.

1) 조직과 임원

모든 책임 조직과 임원이 모두 성공을 기약하고 만나지만 실패로 끝나는 이유는 무엇인가? 또한 신규 임원들의 성공률이 지나치게 낮은 이유는 무엇인가? 그것은 고의로 그렇게 하는 것은 아니겠지만, 조직과 임원들이 모두 실패를 공모하고 있기 때문이다. 신규 임원을 물색할 때 대부분의 조직에서는 조직이 필요로 하는 전문적 또는 기능적 스킬을 중시한 나머지, 조직이나 임원의 핵심 성공요인이라고 할 수 있는 조직과의 적합성을 간과하기 때문이다. 모든 조직에서 적합성을 고려하지 않은 임원은 조직에 심각한 타격을 줄 수 있다. 이사급 임원을 대체하는 데 소요되는 비용은 이직 임원이 받는 봉급의 150%에 달한다. 4년 내에 이직하는 고위 임원 때문에 발생하는 비용은 임원 탐색 및 채용비용까지 포함하여 대체로 최소 1달러 이상 1,000만 달러에 이른다. 그러나 이 비용은 임원 이직에 따른 기회 상실, 생산성 감소, 사내 지식의 유출 비용 등은 감안하지 않은 것이다.

2) 실패의 함정

조직과의 적합성 문제를 간과하게 되면 실패의 함정에 빠질 수 있다. 이 함정에 빠지지 않기 위해서는 최고경영자가 적합성 문제를 중시하여 임원을 채용하는 것이 중요하다. 만약 이 문제를 무시하게 되면 실패의 확률은 그만큼 높아질 수밖에 없다.

다음과 같은 4가지의 중요한 적합성 요인을 고려할 필요가 있다.

① 직위와의 적합성

대부분의 조직이 가지고 있는 직무 명세서를 보면, 시대에 뒤떨어지거나 잘못 정의된 것이 많다. 시간을 내어 중간관리자, 임원, 내외부 고객의 의견을 수렴하고, 그 의견을 토대로 직위를 고객중심적으로 정의하라. 각 직무를 기술할 때에는 그 직위가 조직의 사명에 어떻게 공헌하는지를 반드시 언급해 주어야 한다. 이것은 기업이 직면하고 있는 모든 기회, 위협, 위험을 보는 렌즈의 역할을 하는 공유된 기업 사명이 존재한다는 것을 전제로 한다. 사명서가 제대로 작용되거나 활용되지 못하고 조직에 사장되어 있는 경우가 많다. 제대로 작동하는 사명서는 직위와 그 직위가 달성해야 하는 것이 무엇인지를 분명히 제시해 준다.

② 문 화

직원들에게 기업의 문화가 무엇이냐고 물어 보면 사람마다 서로 다른 대답을 하는 경우가 많다. 문화는 조직의 전통, 속성, 가치관, 의사결정 방식, 권력의 중심점 등 조직이 가지고 있는 독특한 무엇이다. 인터뷰 과정을 통하여 우선 기업의 독특한 문화 속에서 성공적으로 일을 수행하는 데 필요한 특별한 스킬을 정의하고 나서 그 스킬을 가지고 있는 사람을 찾아야 한다. 임원 선발을 잘하고 있는 회사에서는 적합한 임원을 선발하기 위한 조사를 아주 세밀하게 하고, 후보 임원을 1년 동안 면밀하게 검증해 본 다음 최종적으로 임원을 채용한다. 임원 채용의 실패에서 벗어나기 위하여, 자기 조직의 문화 속에서 성공적으로 직무를 수행하는 데 필요한 스킬에 비추어 후보 임원을 면접하는 절차를 가지고 있는 기업들도 많다.

③ 기 대

새로운 임원에게 무엇을 기대하는가? 새로운 임원의 관리자, 동료, 직접적인 보고관계에 있는 사람, 내외부의 고객 등은 각기 그 임원의 직무와 관련하여 연관을 가지고 있기 때문에 새로운 임원에게 기대하는 것이 있다. 그러나 이러한 기대의 내용이 분명히 정의되지 않는 경우를 흔히 본다. 그 결과 새로 임명된 임원은 자기에게 기대되는 것을 추측에 의존할 수밖에 없게 되고, 이 때문에 실패하는 경우가 많다. 해고를 당한 어떤 한 임원은 "나는 열심히 일을 했다. 그러나 처음부터 방향을 제대로 잡지 못하고 있었다"라고 말한다. 자기에게 요구되는 기대를 충족시키고자 한다면, 기대되는 것이 무엇인지를 분명하게 정의하고 기대에 대한 우선순위를 가지고 있어야 한다.

④ 변 화

최근에 내가 본 직무기술서를 하나 소개하면 다음과 같다. "우리는 많은 변화를 조기에 달성해야 하는 회사입니다. 우리가 채용하고자 하는 임원은 즉각적인 변화를 달성하고 또한 강력한 저항을 극복할 수 있는 능력을 가지고 있는 사람입니다.” 변화는 새로운 행동을 요구한다. 대부분의 임원들은 자기 스스로 변화에 대응하는 한편, 다른 직원들에게 변화를 강요해야 하는 위치에 있지만, 변화의 주도자로서 갖추어야 할 스킬을 제대로 훈련받은 사람은 극히 드물다. 변화를 효과적으로 도입하고 또 저항을 최소화하기 위해서는 임원들이 변화를 가르칠 수 있는 능력을 가지고 있어야 한다.

기업과 임원, 두 당사자 모두 서로 간의 적합성을 높이는 책임을 가지고 있다. 조직이 해야 할 사항은 다음과 같다. 고객중심의 직무기술서를 개발한다. 정해진 기간 내에 해야 할 일이 무엇인가를 분명히 정의한다. 조직의 문화에 제대로 정의하는 데 필요한 대인관계 능력, 팀워크 유지 방법, 전문적인 능력을 정의한다. 필요한 것에 대한 우선순위를 부여한다. 조직적응 교육을 신속하게 지원한다.

3) 임원 후보자가 해야 할 일

① 자신을 직무 수행자가 아니라 자원을 가지고 있는 파트너로 인식한다.
② 자기가 가지고 있는 역량을 정확하게 평가한다.
③ 명시적으로 말하고 있는 내용뿐만 아니라 말하지 않고 있는 내용까지도 경청할 줄 알아야 한다.
④ 실패의 함정에 빠질 수 있는 가능성이 있다는 것을 인식하고 있어야 한다.
⑤ 혁신계획을 처음부터 가지고 있어야 한다.
⑥ 자신의 지향점을 관리해야 한다.

원하는 인재를 선발하는 역량면접

채용은 투자

채용은 투자로서 투자 대비 효과를 염두에 두어야 하며 투자이기 때문에 과거의 성과가 아닌, 미래성과를 예측할 필요가 있고 인재의 미래성과를 예측할 수 있는 가장 중요한 지표는 인재가 보유하고 있는 역량(Competency)이다.

성과 재현성과 역량 (Competency)

성과는 재현성이 없는 성과와 재현성이 있는 성과로 구분할 수 있는데 주변 환경의 호전, 전임자의 충실한 준비와 결과로 인한 성과와 운이 좋아서 또는 우연히 얻어진 성과는 재현성이 없어서 고려할 대상이 아니며 처음부터 끝까지 스스로 생각하고 실행한 결과로 본인이 창출했던 성과는 재현성이 있는 성과로 역량의 산출물이다.

역량(Competency)의 구체성

리더십은 솔선수범, 구체적인 지침을 제시, 공정한 평가, 자기계발 기회를 제공하는 것처럼 행동의 방향성을 제시하는 것이며 역량파악은 어떻게 성과를 창출했는지 경청하고, 부하에게 자신의 방법을 처음부터 보여주고, 부하가 싫다고 해도 일단 시도해 보도록 지도하여, 문제점을 명확하고 구체적으로 지적하는 것처럼 행동 자체를 파악해야 한다.

역량(Competency) 레벨

역량레벨은 상황에 따라 행동하는 상황종속 행동과 상황을 극복하면서 행동하는 상황극복 행동으로 구분하는데 상황종속 행동은 레벨 1~3까지로서 상황이 급격히 변화되면 능력을 발휘하지 못한다.

그러나 상황극복 행동은 레벨 4~5까지로서 독창적인 방법과 노력으로 상황을 극복하여 역량을 발휘하는 높은 수준의 바람직한 역량이다

① **상황종속 행동**

- 레벨 1: 부분적인 단편적인 행동
- 레벨 2: 수행해야 할 것을 수행해야 하는 시기에 하는 행동
- 레벨 3: 명확한 의도, 판단에 근거하여 가장 적합한 방법을 시행하는 행동

② **상황극복 행동**

- 레벨 4: 독창적인 방법을 통하여 상황을 변화시키려고 하는 행동
- 레벨 5: 패러다임을 전환시켜서 새로운 상황을 창조하고자 하는 행동

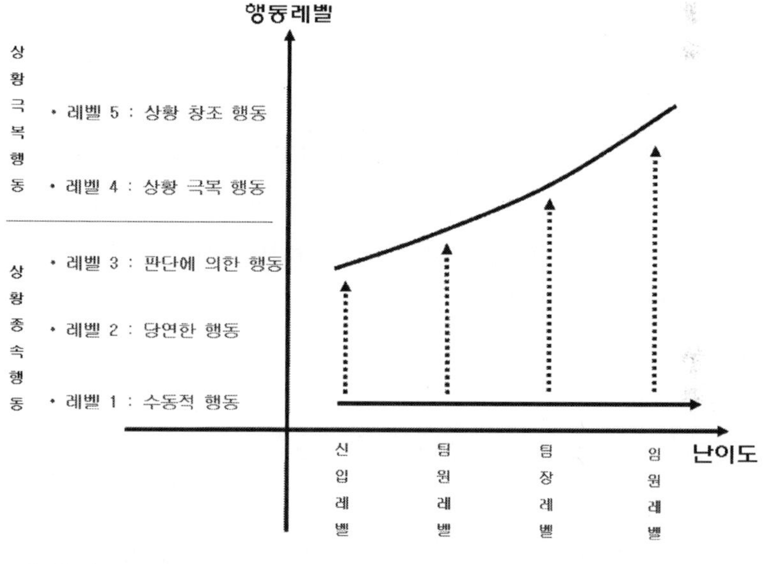

자료출처: Watson Wyatt

평가방법

① **종합 평가법**

행동 및 접근방식을 전체적으로 판단하여 한 번에 결론을 도출하

는 방법으로 분석이라기보다는 좋거나 싫거나 하는 인상에 따라 판단하는 경향이 있다.

② **요소별 절대 평가법**

능력을 항목별로 분류하고 이런 항목을 하나씩 순서대로 확인해 나가는 방법으로 종합 평가법보다는 분석적이지만 각 항목별로 판단하는 데 있어서 주관적 인상이 개입할 여지가 있다.

③ **사실 확인법**

능력을 항목별로 분류하고 이런 항목을 하나씩 순서대로 확인해 나가는 방법(체크는 면접 시에는 하지 않고 종료 후 한다)으로 종합 평가법보다는 분석적이지만 각 항목별로 판단하는 데 있어서 주관적 인상이 개입할 여지가 있고 사실 확인법에서 나온 이슈를 중심으로 인터뷰를 진행한다.

역량(Competency)면접의 종류

① Free Interview: 컴피턴시 레벨 이미지 파악을 위한 면접
② 요소별 Interview: 컴피턴시 종류 및 레벨에 대한 전반적인 이해를 위한 Interview
③ 시계열 Interview: 컴피턴시 종류 및 레벨을 구체적으로 파악하기 위한 Interview로서 전문가가 모델링 시 사용하는 기법으로 1~100까지 모두 질문하는 고전적인 역량평가 방법으로 장시간에 걸쳐 많은 인원이 소요된다.

Free Interview의 방법

지원자의 답변에 대하여 “예를 들어 그것에 대하여 이전에 어떤 행동을 취한 사실이 있습니까?”를 물어보는 것이 기본으로 아래 표와 같이 인터뷰한다.

지원자	면접위원
사고방식, 원칙 "저는 이렇게 생각합니다"	그런 생각에 근거하여 과거 어떤 행동을 했습니까?
결과, 성과 "이런 성과를 이루었습니다"	그런 성과를 내기 위하여 특별히 노력(연구)한 것이 있습니까?
장래 희망 "앞으로 이렇게 하고자 합니다"	그것을 이루기 위해서 지금까지 어떤 준비를 해 왔습니까?
행동 주체 불명확 "함께 이렇게 했습니다"	그 중에서 귀하는 특별히 어떤 역할을 수행했습니까?
상황 설명 "이런 어려운 상황이었습니다"	그런 상황을 어떻게 해결하고자 했습니까?
비판 "이런 것이 잘못되었다고 생각합니다"	그런 잘못된 점을 어떻게 고쳤습니까?

Free Interview 연습

- 업무를 수행하는 데 가장 소중하게 생각하는 원칙
- 장래에 해보고 싶다고 생각하는 것
- 세상만사 중에서 특히 잘못되었다고 생각하는 것

역량(Competency)을 측정하는 데 유용한 데이터

- 언제
- 어디서
- 어떤 행동을 하였는가?
- 그 이유는 무엇인가?
- 그런 행동을 하는 데 있어 새로운 아이디어는 무엇인가?
- 그 결과는 어떠했는가?

* 위 사항들을 명확히 파악하는 것이 필요하다.

효과적인 면접방법

면접을 효과적으로 하기 위해서는 본인 위주의 얘기를 하도록 하여 지원자의 논리적 사고력의 측정과 상황 극복 능력을 판단해야지 아래 도표와 같이 하면 면접에 실패한다.

지원자		면접위원
사고방식, 원칙 "저는 이렇게 생각합니다"	⇨	왜 그런 것들이 중요하다고 생각합니까 ?
결과, 성과 "이런 성과를 이루었습니다"	⇨	별로 의미가 없어 보이는데도 특별히 도전한 이유는 ?
장래 희망 "앞으로 이렇게 하고자 합니다"	⇨	이런 것도 해야 하지 않을까 생각하는데 어떻게 생각합니까 ?
행동 주체 불명확 "함께 이렇게 했습니다"	⇨	그래서, 어떤 결과로 나타났습니까 ?
상황 설명 "이런 어려운 상황이었습니다"	⇨	. . . . .
비판 "이런 것이 잘못되었다고 생각합니다"	⇨	그런 비판은 해 봤자 별로 소용이 없지 않습니까 ?

역량(Competency)면접 원칙

- 판단은 면접 후에 정리하며 면접을 통하여 과거에 행한 행동위주의 사실 데이터를 수집한다.
- 압박면접을 하면 스키마가 나타나지 않으며 지원자는 적극적으로 방어하게 되어 상호간 나쁜 인상을 남기며 그 후유증으로 입사 후 좋은 관계를 유지하기가 어렵다.

면접 질문의 종류

미래질문은 행동패턴을 나타내지만 그 결과는 예측할 수 없으며 과거질문은 실행했던 결과이므로 판단하기가 유리하다

	과거질문	미래질문
생각을 청취	어떻게 생각했는가?	어떻게 생각하는가?
결과를 청취	무엇을 달성했는가?	무엇을 달성하고자 하는가?
상황을 청취	어떤 상황이었는가?	어떤 상황이 될 것인가?
행동을 청취	어떤 행동을 했는가?	어떻게 행동하고자 하는가?

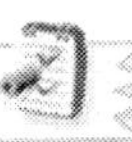

데이터 수집 시 유의할 점

데이터 수집 시는 성과중심이 아니라 과정과 행동에 중점을 두고 해야 한다.

문제 있음	적절함
언제나, 항상	이런 상황에서, 이렇게 행동했다
있다, 없다	발휘했다, 발휘하지 못했다
성과	행동

- 지원자가 겪은 과거의 경험 사례를 프로세스→중요장면→행동 / 의도 / 결과로 구체화해 가면서 인터뷰를 진행해야 한다.

구체적 행동 사례 도출을 위한 인터뷰 흐름도

구체적 행동 사례 도출을 위한 인터뷰 흐름도는 2~3분 동안 서두를 말하고 사건 중심 인터뷰를 20분 정도, 창의성, 팀워크, 열정 등 요소별로 5~10분 정도 인터뷰를 진행하고 마무리하는 것이 적당하다.

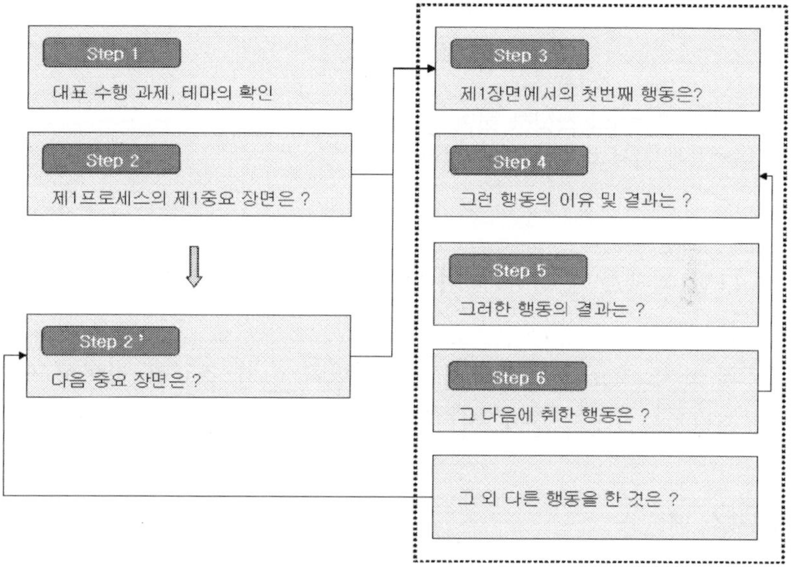

■ 제일 잘하는 것에 대하여 말하도록 level이 높은 것부터 질문한 후 회사에서 필요한 수준으로 질문을 진행한다.

■ 과거 1~2년 동안 당신이 특별히 노력을 기울였던 일은 어떤 일이었습니까? 그중에서 특별히 노력을 기울였던 일은 무엇입니까?

■ 그 과제, 테마를 수행한 결과 지금 어떤 성과, 효과를 내고 있습니까? (결과 중요가 아닌 과제의 이미지 확인)

답변예시

- 특정 인물과 대면한 장면
- 무엇을 만들거나 작성한 화면
- 어딘가에 가서 조사를 하는 장면

- 그런 과제를 수행하기 위하여 우선 어떤 프로세스부터 시작했습니까?
- 첫 번째 프로세스 중에서, 제일 먼저 어떤 중요한 장면이 있었습니까? 그것은 언제 어디였습니까?

프로세스 예

- 제안작업입니다.
- S전자 제안 작업의 PM역할 수행입니다
- 팀원들을 동기부여 하는 것이었습니다.

장면 예

- 정보수집 · 기획안 작성
- 조사 · 팀 구성
- 설득 / 교섭 · 시장조사

장면을 잘 떠올리지 못하는 경우 대처방법

■ 아래와 같은 장면들이 프로세스 속에 있었는지 질문
- 가장 어려웠고 또 그것을 극복하지 못해서 실패로 연결된 장면
- 누군가 중요한 사람을 설득하거나 끌어들이고자 했던 장면
- 나름대로 열심히 궁리했던 장면
- 누군가를 효과적으로 지도했다든지, 가르쳤던 장면
- 팀 또는 동료들과 효과적으로 협력 관계를 만들어 내었던 장면
- 독자적인 기획안 혹은 아이디어 등을 만들어 내었던 장면

Step 3

제1장면에서의 첫번째 행동은?

■ 그 장면에서 당신이 제일 먼저 했던 것은 무엇입니까?(방법론/knowhow에 관한 확인)

Step 4

그런 행동의 이유 및 결과는 ?

■ 그런 행동을 한 이유는 무엇이었습니까?
■ 당연한 행동(레벨 2)을 한 경우는 이유를 별도로 물어볼 필요가 없음.

Step 5

그러한 행동의 결과는 ?

- 그 결과는 어떠했습니까?

Step 6

그 다음에 취한 행동은 ?

- 결과에 대하여 다음은 어떤 행동을 취했습니까?
- Step 3～5를 반복하다가 그 장면이 끝났다고 보이는 경우, 다음 장면으로 넘어가기 이전에 "그 외 다른 행동은 없었습니까?"라는 질문을 통하여 다시 한번 확인한다.
- 또한, 그 장면에서 무엇인가 고안하고 궁리를 해 낸 것에 대해서도 확인한다. "그 장면에서 특별히 무엇인가를 궁리해 낸 것이 없었습니까?"

Role - Play 질문 예

- 우선, 제일 먼저 한 것은?
- 그 다음으로 한 것은?
- 그 외에는?
- 그렇게 한 이유는?
- 그 결과는?

■ 거기에 자신이 고안하여 추가한 것은?
■ 예를 들면?

Role - Play 오리엔테이션

■ 면접위원: 본인 소개 및 환영인사

본인은~업무를 담당하고 있는 000입니다. 반갑습니다.

■ 면접진행에 대한 간략한 소개

면접 질문에 대하여 과거 행동 사례에 기반을 두어 가능한 구체적으로 답변해 주시기 바랍니다.

Role - Play 인터뷰 양식

대표 수행 과제

프로세스

프로세스 1

중요장면	주요 행동 사례	비 고
1.	▪ ▪	▪ ▪
2.	▪ ▪	▪ ▪
3.	▪ ▪	▪ ▪

프로세스 2

중요장면	주요 행동 사례	비 고
1.	▪ ▪	▪ ▪
2.	▪ ▪	▪ ▪
3.	▪ ▪	▪ ▪

Role - Play 관찰자

순서는 제대로 지키면서 진행하였는가?

판단 / 의견을 배제하고 데이터 수집을 위한 질문만 하였는가?

Role - Play 마무리

Role - Play

■ **상호 인터뷰(Interactive Interview)**

회사 혹은 담당하게 될 업무와 관련하여 궁금한 점이 있다면 물어 보시기 바랍니다.

■ CS(Customer Service)

회사에 지원해 주신 것에 대하여 감사드립니다. 좋은 결과 있으시기 바랍니다.

정확한 행동 사실 데이터 수집을 위하여

■ 일반론이나 방침, 자세를 묻지 말 것
■ 클로즈 질문, 유도 질문을 피할 것
■ 이야기의 전개를 예상하면서 질문하지 말 것
■ 상황에 대한 설명을 들으면서 너무 많은 시간을 소모하지 말 것
■ 본인 자신의 행동인가를 확인할 것
■ 기계적으로 묻지 말고 흥미를 가지고 질문할 것
■ 토론을 하는 것이 아니라 지원자의 이야기를 경청할 것

인터뷰 사례 1 　상황종속 행동사례

■ 면접관: 학창시절 가장 노력을 기울였던 것은 무엇입니까?
■ 지원자: 아르바이트로 가정교사를 했습니다.
■ 면접관: 가정교사를 하면서 가장 노력을 기울였던 것은 무엇입니까?
■ 지원자: 가르치는 학생의 성적이 어떻게 하면 올라서 지망하는 학교에 합격할 수 있을까를 생각하면서 지도했습니다. 특히, 그 학생 입장에서 생각하고자 했습니다.
■ 면접관: 그러면, 구체적으로 그 학생의 입장에서 생각한다는 것은 어떤 것입니까?

■ 지원자: 학생에 따라서, 영어를 잘 못한다든지, 수학을 잘 못한다든지 다양한 학생이 있기 때문에 그 학생이 어려워하는 과목을 중점적으로 지도하는 것을 중요하게 생각했습니다. 특히, 모의고사 전 또는 기말고사 전에는 어려워하는 과목을 중심으로 지도했습니다.

■ 면접관: 그러면 가정교사를 하면서 어려웠던 점은 없었습니까?

■ 지원자: 글쎄요. 어떻게 해도 영어를 잘 못하는 학생을 가르치는 것이 어려웠습니다. 중학교 2학년이 가을까지도 알파벳을 제대로 쓰지 못하는 상황이었습니다. 하지만, 끈기 있게 알파벳을 매일 쓰게 함으로써 결과적으로는 지망 고등학교에 합격할 수 있었습니다. 그때 그 학생이 기뻐하던 얼굴을 지금도 잊을 수 없습니다. 앞으로도 귀사에 입사하고 나서도 고객들의 기뻐하는 모습을 볼 수 있도록 노력하고 싶습니다.

■ 면접관: 말씀하신 어려웠던 점에 대한 질문입니다만, 어떤 식으로 끈기 있게 매일 알파벳을 쓰게 하였습니까?

■ 지원자: 영어만 하고 있으면 싫증이 나기 때문에, 다른 과목을 중간 중간 집어넣는 방법으로 가르침으로써 끈기 있게 공부할 수 있도록 했습니다.

■ 면접관: 그러면 무엇인가 특별한 지도방법을 활용함으로써 잘 진행된 것이 있었습니까?

■ 지원자: 글쎄요, 특별한 지도방법이라고 할 것은 없습니다만 항상 끈기 있게 집중해서 하는 것을 지도했습니다. '학문에 왕도는 없다'를 강조하면서 공부하도록 했습니다.

인터뷰 사례 2 상황극복 행동사례

- 면접관: 학창시절 가장 노력을 기울였던 것은 무엇입니까?
- 지원자: 편의점에서 아르바이트를 한 것입니다.
- 면접관: 아르바이트를 통해서 본인이 가장 노력을 기울였던 것은 무엇입니까?
- 지원자: 어떻게 하면 이 편의점에 고객들이 많이 오게 할 수 있을까를 생각하면서 매일 근무했습니다.
- 면접관: 어떤 방식으로 그 편의점에 손님들을 오게 했습니까?
- 지원자: 우선, 점포의 POS시스템을 체크했습니다. 그중에서 어느 시간대에 가장 손님이 많이 오시는지를 확인하고 또한 어떤 종류의 상품들이 가장 잘 팔리는지를 조사했습니다.
- 면접관: 그 결과는 어떠했나요?
- 지원자: 시간대는 역시 학원가이므로 점심때가 가장 붐볐습니다. 또한 상품은 도시락과 과자류가 잘 팔리고 있었습니다.
- 면접관: 그러면, 구체적으로 본인이 고객이 오도록 하기 위하여 독창적으로 연구하고 노력한 것은 무엇입니까?
- 지원자: 글쎄요, 여러 가지가 있었습니다만, 우선 점장님께 요청한 것은 점심시간대의 교대 근무 관련 건입니다. 점심시간대가 가장 붐비는데도 오히려 아르바이트 인력은 가장 부족하기 때문에 긴 줄이 생기곤 했습니다. 또한, 고객들로부터 여러 번 부탁받은 '담배'도 점포에 갖다 두도록 요청했습니다.
- 면접관: 그래서 어떻게 되었습니까?
- 지원자: 글쎄요, 우선 점심시간대는 지금까지 2명 체제에서 4명

체제로 두 배 늘렸습니다. 줄이 생기기는 하지만 보다 효율적으로 대처할 수 있었습니다. 또한 담배를 갖다 둠으로써 담배와 함께 다른 물건도 함께 사는 고객이 늘어남으로써 월별 내점객 수가 이전의 1.5배가 되었습니다. 그 이후 약 1년 동안 매출액 감소는 한 번도 없었습니다.

- 면접관: 그 외 연구 또는 노력한 점은 없었습니까?
- 지원자: 글쎄요, 다른 점포와의 경쟁에서도 해본 것이 무엇인가 특별한 서비스를 하고 있지는 않은지 항상 살펴보는 것이었습니다. 그중에서 1개 점포만이 잡지를 많이 구비하고 학원 학생들을 끌어들이고 있었습니다. 이에 대하여 저희 점에서는 'Time Service'를 실시하여 기간이 얼마 남지 않은 도시락에 대하여 50% 할인을 실시하였습니다. 덕분에 이 후에는 학원 학생들 중 그 시간대를 노려서 오는 학생들이 많아졌습니다.

자료출처: Watson Wyatt

제6장

인재의 육성

문제해결

문제해결 유형

1) 사고와 행동유형

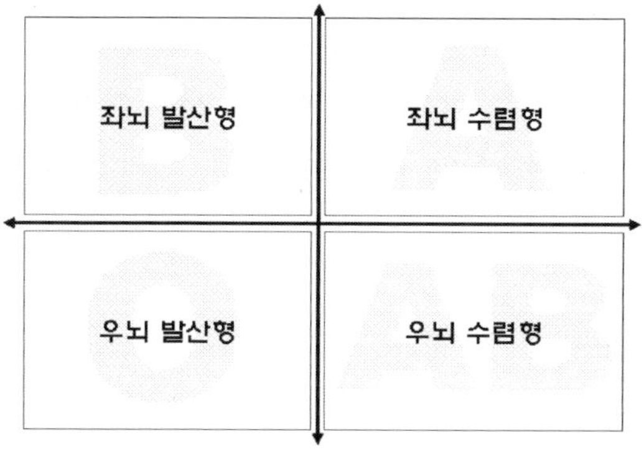

사람들의 사고와 행동을 좌우뇌의 사고와 행동으로 구분해 보면 O형은 봄의 기질을, B형은 여름의 기질을, A형은 가을의 기질을, AB형은 겨울의 기질을 가지고 있어서 봄과 여름은 발산형 기질이, 가을과 겨울은 수렴형 기질이 있어 행동이 기질에 따라 다르게 나타난다.

① 우뇌 발산형인 O형의 경우 사고는 좌뇌사고, 우뇌행동인 경우

는 논리적으로 이해하고 감각적으로 발산형태로 표현하며, 우뇌사고, 우뇌행동인 경우는 감각과 이미지로 이해하여 발산형태로 표현한다.

② 좌뇌 발산형인 B형의 경우 사고는 좌뇌사고, 좌뇌행동인 경우는 논리적으로 이해하고, 논리적으로 발산형태로 표현하며, 우뇌사고, 좌뇌행동인 경우는 직감으로 이해하고, 논리적으로 발산형태로 표현한다.

③ 좌뇌 수렴형인 A형의 경우 사고는 좌뇌사고, 좌뇌행동인 경우는 논리적으로 이해하고, 논리적으로 수렴형태로 표현하며 우뇌사고, 좌뇌행동인 경우는 직감으로 이해하고, 논리적으로 수렴형태로 표현한다.

④ 우뇌 수렴형인 AB형의 경우 사고는 좌뇌사고, 우뇌행동인 경우는 논리적으로 이해하고 감각적으로 수렴형태로 표현하며. 우뇌사고, 우뇌행동인 경우는 감각과 이미지로 이해하고, 수렴형태로 표현한다.

2) 문제의 처리방법 및 결과

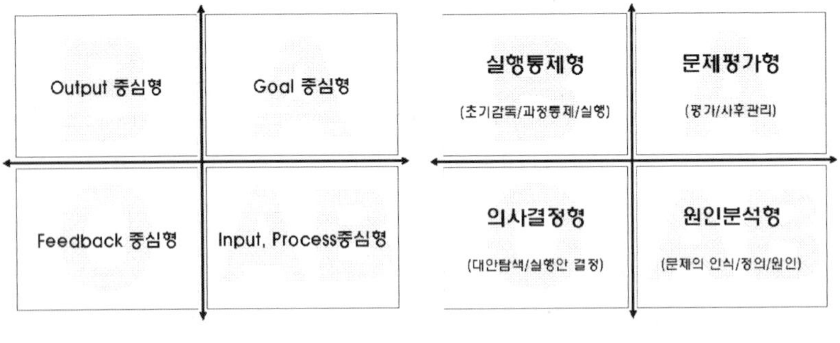

① O형은 의사결정형으로 대안의 탐색과 실행안을 결정하며 결과는 Feed－back 중심으로 처리한다.
② B형은 실행통제형으로 초기감독과 과정을 통제하고 실행안을 결정하며 결과는 Output 중심으로 처리한다.
③ A형은 문제평가형으로 평가와 사후관리에 중점을 두며 목표중심으로 처리한다
④ AB형은 원인분석형으로 문제의 인식과 정의 및 원인중심으로 결정하며 Input과 Process 중심으로 처리한다.

문제해결 및 의사결정 스타일

문제해결 및 의사결정을 할 때 O형의 문제해결 방식은 많은 이에게 표현하며 해결하며 의사결정 방식은 그때그때 생각하는 창의적인 방식을 소중히 여기는 결정을 한다.

B형의 문제해결 방식은 열정적으로 빠르게 해결하며, 의사결정 방식은 스피드하고 자신이 컨트롤할 수 있는 범위를 정해서 결정한다.

A형의 문제해결 방식은 진지하게 홀로 해결하며, 의사결정 방식은 차후에 문제가 되지 않는 방향으로 결정한다.

AB형의 문제해결 방식은 준비하며 전체적으로 해결하며, 의사결정 방식은 가능한 한 많은 사람이 만족하도록 천천히 결정한다.

기질별 문제해결 과정의 반응

단계별	O형	B형	A형	AB형
문제정의	높은 목표치에 기준한 문제인식	명확하고 단순한 방식의 인식을 선호	객관적 진술에 초점을 맞춤	주관적 진술에 초점을 맞춤
잠재적 원인분석	밖으로 드러난 원인에 대한 비중이 높음	가장 중요한 한 가지 원인에 초점을 맞춤	원인들의 순서와 관계를 생각함	여러 가지 원인을 통합적으로 생각함
대안탐색	보다 흥미 있고 새로운 해결책을 탐색	보다 강한 해결책을 탐색	보다 정교한 해결책을 탐색	많은 해결책을 탐색
최선의 해결책 선택	차후 계속적인 성장을 기준한 해결책 선호	자신이 통제 가능한 해결책 선호	객관적 준거에 기준한 해결책 선호	다수 의견에 기준한 해결책 선호
실행계획 수립	경험적이고 순간 대응적인 실행 계획에 초점	모든 상황에 하나로 적용되는 계획수립	구체적이고 단계적인 실행계획 수립	각각의 상화에 맞는 계획수립
실행 / 평가	감정관계에 따른 평가	결과물에 따른 평가	약간의 하향식 평가	차후문제와 연결된 종합적 평가

갈등관리

유형별 갈등 시 행동 및 해소방안

	행동경향	해소방안
O형	• 말로써 일단 해결하려고 한다. • 때로는 감정적인 공격도 행한다. • 서로가 잘될 수 있는 전략으로 접근하므로 끝에 가서는 서로가 이익이 되는 것으로 협상하려는 경향이 있다. • 해결이 불가능한 경우 때로는 다투는 경향이 많다.	• 많은 대화로써 해결하려고 한다. • 노래를 부르며 감정을 분출하여 해결하려는 경향이 있다. • 자신의 억울한 사정을 만나는 사람마다 모두 알려서 자신의 처지를 많은 이들에게 보여서 자신의 선의를 인정받으려는 경향이 많다. • 감정적으로 상대방을 공격하면서 해소하기도 한다.
B형	• 갈등에 대한 승리를 위해 자신의 유리한 힘을 사용하는 경향이 있다. • 자신의 의지를 굽히지 않고 혼자 갈등을 해결하려는 경향이 많다. • 갈등해결 시 자신의 입장에서만 생각하는 경향이 있어서 크게 부딪치는 경우가 많다.	• 스포츠나 등산을 통해서 육체적으로나 행동으로 갈등으로 쌓인 스트레스를 푸는 경향이 있다. • 갈등 시 폭발하는 자체로 자신의 갈등을 해소하는 경향이 있다. • 홀로 외로이 고민하며 혼자 힘으로 모든 것을 해결하기도 한다.
A형	• 갈등해결 시 너무나 많은 힘을 소진하는 경향이 있으며, 스트레스를 받으면서 혼자 있으려고 한다. • 갈등 시 겉으로는 타인에게 순응하나, 속으로는 갈등의 승리를 위한 방법으로 모색한다. • 일어난 갈등에 대하여 보다 근본적인 원인을 찾으려고 노력하며, 서서히 해결하려고 한다.	• 갈등의 근본적인 원인을 논리적으로 밝혀서 그로 인한 합리화를 통해서 갈등을 해소한다. • 갈등이 잘 해결될 수 있도록 마음속 으로 바라며, 갈등의 해결에 대해 많은 고민을 한다. • 침묵을 지키며, 갈등을 해결하기 위한 독서나 전략을 구상한다.
AB형	• 갈등을 그대로 받아들이는 경향이 있으며, 갈등상황을 오랫동안 유지하는 경향이 있다. • 갈등을 최대한 줄여서 내가 손해 보더라도 좋게 해결하려는 경향이 있다. • 그동안 쌓아온 좋은 관계를 지키려고 상대가 원하는 대로 해주는 경향이 있다.	• 갈등상황을 회피해서 갈등을 줄이려는 경향이 있다. • 잠을 많이 자거나 음식을 많이 먹음으로 인해서 갈등을 다른 것으로 풀려고 하는 경향이 있다. • 많은 감정이 쌓인 후에는 크게 태풍처럼 폭발함으로써 갈등을 해소하는 경향이 있다. • 갈등상황을 그냥 따르기도 하며, 어쩔 수 없는 상황으로 합리화기도 한다.

갈등상황에서 시간별 반응

기질별	초 기	중 기	말 기
O형	말한다	다툰다	협상한다
B형	다툰다	요구한다	혼자 해결한다
A형	듣는다	참는다	따진다
AB형	경청한다	받아들인다	회피(폭발)한다

미해결 갈등상황에 대한 장기적 반응

O형은 기억에서 사라질 때까지 타인에게 떠벌리고 다니지만 빨리 잊으며, B형은 또 다른 방식으로라도 반드시 갈등과 맞서려고 하며, A형은 똑같은 방식으로 대응하여 대가를 치르려고 하며, AB형은 어쩔 수 없는 상황으로 받아들이며 천천히 잊는 경향이 있다.

상호간 갈등양상

	A형의 경우	AB형의 경우
O형	• 세세한 업무에 대해서 서로가 상대방에게 맡기려는 경향이 많다. • 상대방과의 언쟁에서 지지 않으려고 하고, 라이벌 의식으로 인한 갈등이 생기곤 한다. • 후에 일어날 일에 대해서 서로가 신경 쓰지 않으므로 나중에 큰 갈등이 생길 수도 있다.	• 상대방이 많은 대화로써 문제를 해결함으로 인해서 화가 치밀어 올라 생기는 내적 갈등이 나타나는 경향이 있다. • 일의 결론 단계에서 서로가 미루는 경향으로 인해서 갈등이 유발된다. • 상대방은 너무 이상적인, 나는 너무 현실적인 측면으로 문제를 접근함으로써 생기는 갈등도 있다.
B형	• 상대방은 나에게 말은 많은데 결론을 짓지 못한다고 언쟁에서의 갈등도 생긴다. • 상대방이 너무 정확하고 빠른 결론을 가지고 있어서 내적 갈등도 많이 생긴다 • 상대방을 도와주고 싶은데, 상대방은 선의를 거절하여 상대방에 대한 감정적인 갈등이 생기곤 한다.	• 상대방과의 대화 시 너무 큰 그림만 주고받아서 후에 서로가 책임을 못 지는 경향으로 인해서 생기는 갈등도 있다. • 서로가 상대에게 지지 않으려는 의도로 큰 경쟁의식으로 인한 갈등이 생길 수 있다.
A형	• 상대방이 약간은 부정적으로 접근하여 처음부터 좋은 관계를 유지하지 못함으로써 생기는 내적 갈등이 나타난다. • 상대방이 전체적인 상황을 통제하려는 의도가 생기므로 조금의 스트레스가 나타날 수 있다. • 상대방이 표현을 하지 않으므로 상대방의 생각을 이해하지 못해서 여러 가지 갈등이 생긴다.	• 상대를 조정하려는 의도로 인해서 갈등이 생길 수 있다. • 상대방이 너무 논리적이고 철저하다는 느낌으로 인해서 내적 갈등이 생긴다. • 내가 너무 급하게 서두르므로 속도상의 갈등 문제가 생기곤 한다.
AB형	• 상대방의 너무 느리고, 불분명한 언행으로 인해서 내 자신이 내적 갈등이 생긴다. • 상대방보다 너무 빠르고, 긍정적인 경향으로 인해서 상대방과 갈등이 생기곤 한다. • 상대방에게 도움을 받고, 항상 앞서 나가려는 의도로 인해서 상대의 상처로 인한 갈등이 생길 수 있다.	• 상대방이 나를 조정하려고 하므로 주도권을 빼앗겼다는 느낌이 생겨서 갈등이 유발된다. • 상대방이 너무 느리므로 업무상이나 대인관계상으로 갈등이 생긴다. • 상대방의 부정확한 언어로 인해서도 갈등이 생기곤 한다.

	O형의 경우	B형의 경우
O형	• 자신의 감정을 잘 드러내지 않으므로 상대방은 나를 외면할 수도 있다. • 내가 너무 철저하고, 기억력이 좋아서 상대방은 많은 부담을 느낄 수 있다. • 상대방이 너무 즐거움만 추구하는 것으로 보일 수 있어서 상대를 미워할 수도 있다.	• 대화 시 상대방이 너무 많은 자신만의 요구와 관점을 표현할 때 상대를 많이 미워한다. • 상대방을 어느 정도는 도와주려고 하나 상대방이 전혀 눈치를 채지 못하는 경우도 있다. • 자신은 늘 일의 다음 단계까지 생각하여 문제를 해결하려고 하나 상대방이 표면적인 문제만을 가지고 말할 때 많은 갈등이 생긴다.
B형	• 상대방이 너무 서두르고 큰 그림만 본다는 생각으로 인해서 상대방에 대한 부정적인 감정이 생겨서 그대로 유지하는 경향이 있다. • 상대방이 내 자신을 제압한다는 느낌으로 인해서 내적인 갈등이 생기곤 한다. • 상대방의 행동력에 대한 자신의 부러움으로 인한 내적 갈등이 생기곤 한다.	• 상대방을 주도하려고 하나 처음에는 따라주지 않으므로 생기는 갈등이 있을 수 있다. • 상대방의 노골적인 표현이나 행동에 대해서 내 스스로가 놀라서 생기는 내적 갈등도 있다.
A형	• 작은 문제도 서로가 먼저 풀지 않음으로써 큰 갈등으로 이어지는 경향이 있다. • 서로 간의 대화부족으로 인해서 문제인식에 대한 견해차와 문제해결에 대한 견해차로 인해서 많은 갈등이 생기곤 한다. • 서로가 한 번 고정된 패러다임에 대해서 결코 양보하지 않으려는 생각 때문에 감정의 골이 깊어질 수도 있다.	• 논쟁 시 상대방이 너무 따져드는 경향으로 많은 갈등이 생긴다. • 상대방이 너무 단편적인 시각으로 세상을 보고 있다고 느낄 때 상대방과의 갈등이 커진다. • 상대방과 감정을 풀려고 하나 상대방이 전혀 자신의 감정을 드러내지 않을 때 갈등은 증폭된다.
AB형	• 상대방의 문제에 대해서 전혀 신경을 쓰지 않는 것처럼 보여서 감정상의 갈등이 유발된다. • 상대방이 비논리적으로 깊이 있게 들어가는 경향이 있어서 때로는 내 자신이 많이 혼란스러울 수 있다. • 중요한 문제를 서로가 큐를 하지 못함으로써 시간적으로 많은 손실로 인한 갈등이 생길 수 있다.	• 서로가 암시적인 언어를 쓰는 경향이 있어서 의사소통의 장애로 인한 많은 갈등이 유발된다. • 서로가 의견을 일치시키는 데 많은 시간과 노력이 들어가므로 생기는 갈등도 있다. • 예민한 감정으로 인해서 서로가 많이 다칠 수도 있다.

최적의 갈등관리 방법

O형은 문제를 보다 논리적이고 체계적인 접근으로 단계적으로 해결하는 습관을 가지면서 갈등을 관리하고, B형은 상황을 받아들이고 최적의 협상방법을 찾는데 명상이나 산책도 하면서 자신을 비우는 방법이 좋고, A형은 상대방에 대한 부정적인 감정을 먼저 버리고 보다 개방적이고, 긍정적인 사고로 접근하는 것이 좋으며, AB형은 보다 현실적인 대안을 찾아서 많은 이들에게 조언과 요청을 통해서 새로운 대안을 찾아보는 방법이 좋다.

적합도

개인적 친밀도(궁합)

	O형	B형	A형	AB형
O형	B	A	D	C
B형	A	B	C	D
A형	D	C	B	A
AB형	C	D	A	B

아주 친함: A, 친함: B, 보통: C: 안 친함, D: 나쁨

업무성과 상관관계(궁합)

	O형	B형	A형	AB형
O형	D	C	A	B
B형	C	D	B	A
A형	A	B	D	C
AB형	B	A	C	D

성과 높음: A, 높음: B, 보통: C: 낮음, D: 아주 낮음

기질별 선후배 배치도

- 일의 성과나 직업의 효과성은 반대 유형에 의해서 도움을 받는다.
- 서로 다른 유형끼리는 인간관계 시 갈등이 더 잘 일어날 수 있다.
- 효과적으로 일하기 위해서는 차이를 존중하고 차이가 후에 큰 성과를 내는 데 결정적인 역할을 한다는 것을 기억하고 상호이해를 바탕으로 노력해야 한다.

선 배	O형	B형	A형	AB형
후 배	B형	A형 / O형	O형 / B형	A형

기질별 대응방법

기질별	대응방법
O형 대할 때	• 먼저 대화를 할 수 있는 분위기를 제공한다. • 열정적으로 인정하며 동기부여 한다. • 꿈에 대한 비전을 수시로 상기시켜 준다. • 너무 논리적으로 꼼꼼히 접근하지 않는다. • 사교적 환경(재미있는 환경)으로 접근한다.
B형 대할 때	• 빠르게 응대하는 것이 중요하며 결론을 말한다. • 최고의 대우를 해주며 늘 최고가 될 수 있다고 동기부여 한다. • 현실적인 사실에 관한 예를 많이 든다. • 중요한 말은 자신이 할 수 있도록 유도한다. • 단기적인 지도 방법으로 접근한다.
A형 대할 때	• 원칙과 논리를 갖추어서 의사를 전달한다. • 충분한 시간을 두고 서서히 말을 시작한다. • 전체적인 일관성을 가지고 서서히 대화한다. • 항상 근거자료를 가지고 대화를 시작한다. • 중장기적인 지도방법으로 접근한다.
AB형 대할 때	• 그들에 대한 믿음과 세심한 부분까지 고려한다. • 개인적 관심(집안일)을 표현하여 말을 시작한다. • 감성적인 대화와 좋은 관계로써 접근을 시도한다. • 그들만의 삶의 철학을 인정해 주고 공감해 준다. • 언어 이면에 깔린 암시적인 뜻에 주의한다.

기질에 따른 피드백

기질별	내 용	
O형	좋은 피드백	신뢰와 협조를 형성하고 이미 성취된 것에 집중
	나쁜 피드백	갈등 구도 조성하고 비난에 집중
	핵심사항	코치는 피코치자에 대한 감정을 철저히 인식
B형	좋은 피드백	역량과 잠재력에 대한 확신 증진
	나쁜 피드백	불확신의 느낌과 자존심 손상
	핵심사항	결과에 대한 요구와 개선에 집중
A형	좋은 피드백	현재의 위치 상태와 다음에 할 일에 대한 구분
	나쁜 피드백	상황에 대한 불확실한 추측과 해석
	핵심사항	질문에 대한 확인과 계획 시에 동참
AB형	좋은 피드백	일의 성과에 대한 상호 협력적인 느낌 전달
	나쁜 피드백	평가나 감시를 받았다는 느낌을 줌
	핵심사항	자신 스스로에 대한 평가 유도와 인정적 지원

동기부여

✔ 어떤 기업이 성공하느냐 실패하느냐의 실제 차이는 그 기업에 소속되어 있는 사람들의 재능과 열정을 얼마나 잘 끌어내느냐 하는 능력에 의해 좌우된다고 나는 믿는다.

– 토마스 제이 왓슨 / 전IBM회장 –

✔ 오케스트라를 지휘하는 지휘자는
자기는 정작 아무 소리도 내지 않습니다.
그는 얼마나 다른 이들로 하여금 소리를
잘 내게 하는가에 따라 능력을 평가받습니다.
다른 이들 속에 잠자고 있는 가능성을 깨워서
꽃피게 해주는 것이 바로 리더십 아니겠습니까?

- 보스턴 필 하모닉 / 지휘자 벤 젠더 -

동기부여의 개념

- 동기부여(Motivation)
- 개인의 행동이 열정적이고 지속적으로 작동되도록 유도하는 내적 힘
- 무엇이 종업원의 행동에 영향을 미치며 왜 종업원의 행동이 지속되는가?
- 동기부여의 원천: 욕구
- 동기부여의 결과: 성과 향상과 보상

보상의 종류

① 내적 보상(intrinsic reward)　② 외적 보상(extrinsic reward)

기대이론 모형

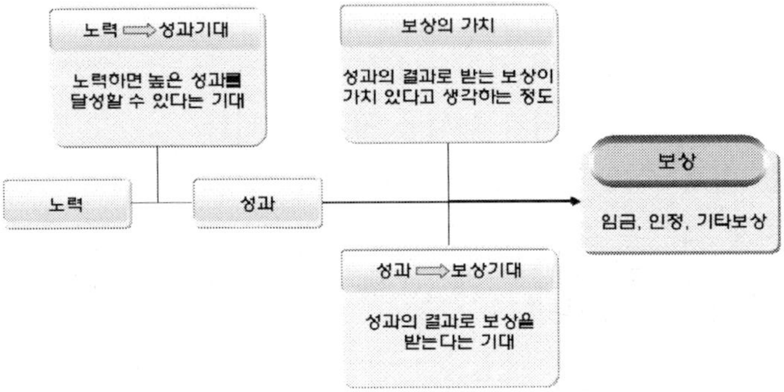

Maslow의 욕구위계 이론

한 가지 욕구가 충족된 후에는 그 욕구는 더 이상 행동을 발생시키지 않으며, 또 다른 상위의 욕구가 행동을 일으킨다고 하는 욕구의 위계이다.

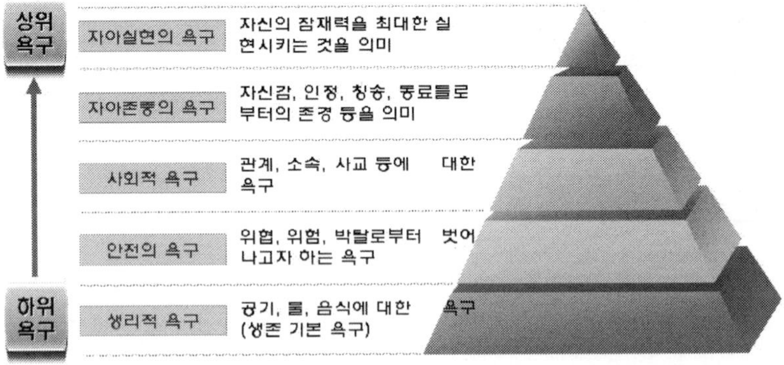

당신은 무엇에 동기부여 되는가?

당신이 가장 중요하게 생각하는 순서에 따라 등급을 매기시오

번 호	내 용	5	4	3	2	1
1	나를 존중해 주는 사람들과 일하기					
2	흥미로운 업무					
3	업무성과에 대한 공로 인정					
4	자기개발의 기회					
5	업무 개선에 대한 아이디어를 낼 때 의견을 들어주는 상사					
6	단순한 지시 수행이 아닌 스스로 생각할 수 있는 기회					
7	내 업무의 결과물을 직접 보기					
8	효율적인 경영자					
9	너무 쉽지 않은 업무					
10	현재 진행업무에 대해 자신도 잘 알고 있다는 느낌					
11	직업의 안정성					
12	높은 급여					
13	훌륭한 복지					

설문지를 통해서 개인별로 다른 동기부여를 알아내고 그에 적합한 동기부여 방법을 활용할 때 동기부여의 효과를 발생할 수 있다.

- 사람마다 동기부여 요인이 다르다
- 내가 아닌 상대의 입장에서 생각하기

- 버스에 적합한 사람 태우기 VS 미켈란젤로 동기
- 자신이 먼저 동기부여 되라!
- 주인의식을 가질 수 있도록 비전에 동참시켜라!
- 자기개발과 성장의 기회를 제공하라!
- 적절한 보상과 높은 기대(피그말리온 효과)

기질별 동기부여 방법

기질별	동기부여 방법
O형	• 자신의 업무 기획에 관여 • 승 진 • 근로 조건 • 약간의 압박을 받는 근로조건 • 경쟁적 환경 • 경력 발전 전망 • 사교적 환경
B형	• 어느 정도의 권한 부여 • 매니저의 결단력 • 업무 위임 • 봉 급 • 감독할 수 있는 범위 확대 • 명확한 목표가 부여됨 • 고위층과의 미팅 참석

기질별	동기부여 방법
A형	• 매니저가 제공하는 사례 • 칭 찬 • 일에 대한 만족 • 건설적인 피드백과 코칭 • 완성된 일의 결과 공유 • 조직의 구조이해와 업무절차 파악 • 개인적 직함
AB형	• 개인적 관심 • 좋은 인간관계 • 당신의 노력 인정 • 직업 안정성 • 업무 완수 방법에 관한 세세한 지도 • 팀으로 일함 • 작업시간에 대한 자율성

동기부여를 위한 리더십

① 성과가 좋은 직원과 그렇지 않은 직원의 차이점은 그들이 어떻게 보상받는가에 있지 않고 어떻게 대우받는가에 있다.

② 당신이 존중해 준 만큼 존중받게 된다.

③ 직원들이 조직에 진정으로 헌신하기를 원한다면 당신도 그들에게 그렇게 해주어야 한다.

④ 잘했다는 말을 듣지 못하면 사람들은 그 반대를 가정하게 된다.

동기부여에 대한 오해

1) 높은 임금

무조건 급부는 의욕을 저하시킨다.

2) 부가 급부

지나친 혜택은 당연한 권리로 인식할 수 있다.

3) 인간관계 교육

비싼 교육프로그램만 남긴다.

4) 감수성 훈련

자신의 이해와 타인에 대한 신뢰 향상이 불가능하다.

5) 커뮤니케이션

실효성이 의문된다.

6) 직무설계 참여

기분만 좋게 할 뿐 성과향상에 효과 없음.

7) 종업원 상담

상담은 하지 않고 문제해결에 뛰어들려고 함.
그래서 직접적인 보상보다 비전제시가 효과적이다.

Empowerment의 현실적 필요성

1) 조직의 Flat화

- 계층수의 감소로 관리 대상수(통제 폭 증가)

2) 팀제의 도입

- 관리자의 역할변화와 구성원의 능력 증대로 구성원 간의 관계 변화의 필요성

3) 고객지향적인 탄력적 조직

- 자율경영의 필요성 증대

Empowerment의 다양한 의미

1. 내용: 역량의 증대 및 활용

- 자신과 구성원으로부터 최고/최선을 추구하는 것
- 개인 속에 구속된 파워를 키워주고 풀어주는 것
- 사람의 잠재력을 포함한 능력을 최대한 활용하는 것

2. 목적: 능동, 자율, 창조경영

- 수동적, 상황적응력 관리를 지양하고 능동적, 상황창조적 관리를 추구

- 조직 내 구성원으로 하여금 능동적인 삶을 살게 함
- 조직의 지속적 성장을 추구

3. 방법: 권한이양

- 위임을 넘어서서 가장 효과적으로 파워가 필요한 곳에 파워를 부여하는 것
- Power delegation보다는 Power devolution이 관점임
- 파워를 잃는 것도 아니고 파워를 풀어주는 것

관리자의 역할을 어렵게 만드는 요인

- 습관
- 무질서의 두려움(신뢰부족)
- 개인적인 불안감
- 관리능력의 부족
- 상급자의 사례부족
- 파워를 빼앗긴다는 불안감

직무만족 요인

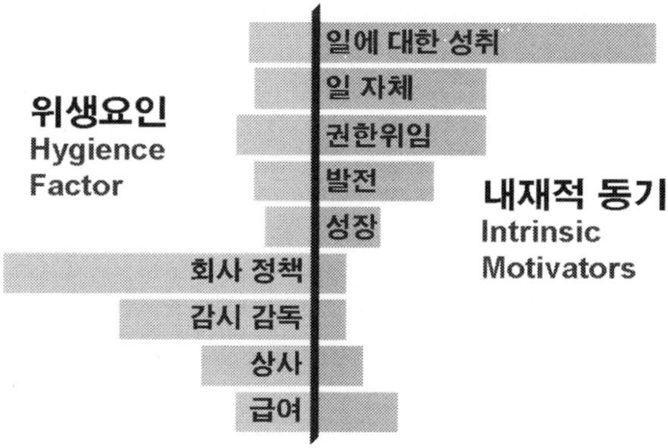

동기부여를 조성하기 위한 리더의 역할

조직의 리더가 동기를 부여하기 위한 6가지 원칙과 활용방법은

1. 긍정적 사고

자신이 이끄는 조직이 목표를 달성하면 그 성공을 외부에 알리고 조직의 성공에 대해 조직원 개개인에게 감사를 표시하라.

2. 기 쁨

조직원들이 하고 싶어 하는 일을 찾아내고 가능하면 그들이 즐겨 하는 업무를 할 수 있도록 배려하고 조직원 또는 조직이 성공하면 기

뻠을 표시하라. 식사나 차를 같이하며 친교의 시간을 가져라.

3. 자신이 중요하다는 생각

조직원들의 의견을 경청하고 그들의 생각을 신중히 고려하고 다른 조직원의 아이디어를 이용할 때는 그 공로를 인정하라.

4. 성 공

조직원들과 함께 명확하고 합리적인 목표를 설정하고 경영자들이 지원하고 그 목표가 의미하는 바를 경영자들을 이해시키고 동의할 수 있도록 하라.

5. 개인적 혜택

조직 활동을 통해 조직원들이 개인적으로 어떤 혜택을 보는지 확인하고 성공 여부를 관찰하고 이를 피드백한다.

6. 명확성

귀하가 전하려는 바를 구두 및 문서로 계획하고 명확하게 의사소통할 수 있도록 충분한 시간을 마련하고 조직원들이 잘 이해하는지를 점검하라.

동기부여를 조성하기 위한 조직원의 역할

조직원으로서 동기를 부여하기 위한 6가지 원칙과 활용방법은

1. 긍정적 사고

성공한 동료에게 칭찬과 찬사를 보낸다.

2. 기 쁨

웃어라, 자신의 기쁨은 바이러스처럼 전파된다. 조직원 또는 조직이 성공하면 기쁘다는 사실을 전하라. 식사나 차를 같이 마시는 등 모두가 즐길 만한 친교활동에 열정적으로 참여하라.

3. 자신이 중요하다는 생각

조직원들의 의견을 경청하고 그들의 생각을 신중히 고려하고 다른 조직원의 아이디어를 이용할 때는 그 공로를 인정하라.

4. 성 공

스스로 또는 동료들과 함께 명확하고 합리적인 목표를 설정하고 자신이 목표를 달성하면 그 성공을 외부에 알리고 조직에 공헌한 동료들을 칭찬하라.

5. 개인적 혜택

자신이 특정 활동으로부터 얻을 수 있는 이익을 알고 자신의 성공

수준을 평가한다. 만일 성공하지 못했다면 그 이유를 찾아서 다음에 성공하기 위한 방법을 강구한다.

6. 명확성

귀하가 전하려는 바를 구두 및 문서로 계획하고 명확하게 의사소통할 수 있도록 충분한 시간을 마련하고 조직원들이 잘 이해하는지를 점검하라.

관리자 리더십

관리자 리더십의 중요성

관리자 리더십과 조직성과의 관계는 관리자의 리더십에 따른 관리자의 리더십 유형을 구성원이 인지하고 그 결과에 행동과 성과에 영향을 끼치므로 관리자의 리더십이 구성원의 생산성에 막대한 영향을 준다.

① 직원들의 성과는 외부요인으로만 좌우되는가?
② 직원들의 성과는 개인역량으로 충분한가?
③ 관리자의 관리방식도 성과에 영향을 미치는가?
④ 관리자의 리더십은 직원성과에 어떻게 영향을 미치는가?

⑤ 그렇다면 관리자의 바람직한 직원 관리방식은?

관리자의 환상에 대한 실질적 처방

관리자에 대한 부정적 인식을 받은 직원들은 자신의 이미지를 더 이상 훼손하지 않는 일에 관심을 가지고 자신의 한계 노출을 두려워하고 회피하게 되며 강화되는 부정적 피드백으로 최선을 다했던 일을 그만두고 시키는 일만 기계적으로 처리하며 자기 합리화에 많은 에너지를 쏟아 부으며 실패에 대한 비난을 예견하고 사전에 변명거리를 찾아낸다.

상황이 이런대도 관리자들은 직원들에게 부정적인 감정을 전달했다는 사실을 인식하거나 인정하지 않는다. 그래서 가장 우수한 팀장 밑에 우수인력을 투입해도 팀장이 상사의 긍정적 기대를 인식하지 못하는 경우 조직 변경만으로 성과향상은 이루어지지 않는다.

관리자의 높은 기대와 높은 생산성을 유발하는 관건은 조직구성을 달리하는 방법보다 직원의 동기부여 방식에 달려 있다.

부정적 기대의 대가

부정적 기대에 대한 비용은 감정적 비용과 조직비용이 있는데 감정적 비용은 성과가 미흡한 직원에 대해서도 겉으로는 친절해야 하며 성과를 향상시키기 위하여 감독을 강화하면 다른 곳에 투입할 시간을 빼앗기며 상사가 성과가 미흡한 직원을 통제와 위선으로 대하는 태도는 우수한 직원들에게조차 '우리가 소모품처럼 느껴진다'라는 감정을 전달하게 되어 이로 인해 상사는 좌절하거나 분노하게 되어 상사의 감정적, 육체적 에너지를 빼앗는다.

조직비용은 소외당하는 직원이 자신의 괴로움을 혼자 간직하지 않고 팀 분위기를 해치며 팀 전체에 고통을 전이하여 팀 동료에게 생산적인 일로부터 방해하고 시간과 에너지를 낭비하게 하며 자신의 직원을 관리할 때 상사가 보여주었던 행위를 그대로 답습하며 인정받는 직원에게 업무가 집중되어 점차 자신의 직무와 관련된 중요 부분으로부터 관심을 멀어지게 하는 일이 발생한다.

일류 관리자의 조건과 과제

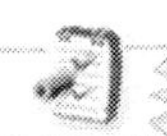

① 기대의 현실화를 믿고 긍정적 기대를 강화하라.
② 긍정적 자기존중과 자기 확신을 갖고 조직관리를 하라.
③ 경영자 및 관리자의 자기실현 예언은 직원이 기대를 확신하고 납득하기에 충분한 산업지식과 직무기술을 획득하고 있을 때 가능하다.
④ 지연된 금전적 보상보다는 즉시적 가치인정을 활용하라. 단, 개인적 가치를 고려해야 한다.
⑤ 긍정적 강화는 매일 일어나야 한다.
⑥ 관계개선을 위한 공개적인 커뮤니케이션을 구축하라.

사람들은 이렇게 대접받기를 원한다

1) 존중해 달라

존중을 표현하는 가장 좋은 방법은 상대방의 말을 귀담아 들으려는 의지, 즉 공감적 경청에서 시작된다. 리더가 자신을 존중하는지 아닌지 부하들은 직감적으로 알아챈다.

리더의 행동 하나하나에 존중 또는 멸시의 신호가 담겨 있기 때문이다. 부하들과 시선을 맞추고, 그들의 말을 귀담아 듣고, 인사를 할 때 웃으며 손을 내밀고, 모욕적인 용어나 행동을 삼가는 것 등, 리더의 이런 작은 행동에서 부하들은 존중받고 있다는 느낌을 받는다.

2) 공정하게 대해 달라

다른 사람의 신발을 신고 하루 종일 돌아다닌 적이 있는가?

이렇게 입장을 바꿔보면 그동안 생각지 못한 많은 것들을 떠올리게 된다. 그래서 최근의 정책이나 의사결정이 과연 옳은지에 대해서도 새로운 각도에서 이해할 수 있다.

관리자들 중에는 비록 자신의 이익과 맞지 않더라도 직원들의 입장에서 볼 때 옳은 일이고 공정하기 때문에 그 방향을 선택하는 사람들이 있다. 이처럼 '다른 사람의 입장'을 고려한 결정은 그 자체로서도 의미가 있고 그 사람들로부터 신뢰를 이끌어 내는 지름길이기도 하다.

3) 정직하게 대해 달라

정직한 리더는 빠르게 직업인생을 개척하지만 '위선자의 꼬리표'는 중요한 순간마다 발목을 잡아당긴다. 부하들은 함께 나누기를 원한다. 그런 부하들에게 거짓말은 참을 수 없는 모욕이다. 거짓말은 인간관계를 더 이상 회복하기 어려운 수준으로 망가트린다.

신뢰를 형성하는 기간은 사람마다 조금씩 다르다. 그러나 한 번 신뢰가 무너지면 인간관계 전체가 순식간에 절단 나고 만다. 정직도 황금률의 일부이다. 누구나 자신을 솔직하게 대하는 사람에게 마음을 열고 다가서기 마련이다.

4) 다양성을 인정해 달라

서로 다른 환경에서 성장한 다양한 부하들을 관리해야 하는 리더는 '입장 바꿔 생각하기'를 통해 그들의 사고방식부터 정확히 파악해야 한다. 문화적 뉘앙스와 행동양식을 이해하지 못하고서는 부하들을 효과적으로 관리할 수 없다. 그렇다면 다양한 환경에서 성장한 부하들의 다양한 사고방식을 이해하기 위해 리더는 무엇을 해야 할까?

마음을 문을 열고 공감대를 이루는 데서 시작해야 한다.

출처: 스티븐 E. 콘 & 빈센트 D. 오코넬 / 함께 일하고 싶은 팀장

삼성의 핵심인재 관리

지난 10월 일본 니혼게이자이신문의 자매지 '닛케이 비즈테크'에서 삼성의 인재경영에 대한 특집을 게재했다.

이 잡지는 삼성이 글로벌 인재경영 확대를 통해 더 큰 성장을 추구하는 모습을 상세하게 소개하며 "삼성이(인재경영을 통해) 앞으로도 해외 거대 정보기술(IT) 기업을 제쳐나가는 '역전의 방정식'을 계속 구사할 수 있을지 관심"이라고 밝혔다.

삼성이 글로벌 경쟁의 첨병으로 확보·육성하고 있는 핵심인재는 전체 인력의 3∼5% 정도다. 핵심인력을 선정하는 기준과 대상자, 급여와 대우 등은 인사 기밀로 좀처럼 공개되지 않는다.

계열사의 최고경영자(CEO)급 대우를 받는다는 S(Super)급, 주력 사업의 핵심 추진 인력으로 분류되는 A(Ace)급, 미래 S급 인력으로 양성 가능한 H(High Potential)급 등으로 분류된다는 사실 정도만 알려져 있다.

삼성이 이들 핵심인재를 얻기 위해 기울이는 노력은 눈물겨울 정도다. 당장 이건희 회장부터 열성적으로 나서고 있다. 삼성에 스카우트된 S급 인재의 경우 이 회장과의 첫 면담을 앞두고 '반드시 화장실을 다녀오라'는 당부를 받는다. 길어야 두 시간이면 끝날 것으로 지레짐작했다가 낭패를 본 이들이 적지 않기 때문이다.

이 회장은 서울 한남동 승지원에 S급 인재를 불러 식사를 곁들여 거의 하루 종일 면접을 본다는 것이 한용외 삼성문화재단 사장의 전

언이다. 그룹의 핵심 사업을 이끌고 갈 사람인 만큼 업무 역량뿐만 아니라 사람 됨됨이를 관찰하는 데 한 치의 소홀함도 없어야 한다는 판단에서다.

핵심인재를 영입하는 데는 이 회장의 장남인 이재용 삼성전자 상무도 결코 뒤지지 않는다. 삼성 본관 25층에 자리 잡은 그의 방에는 '삼고초려(三顧草廬)'라는 글귀가 담긴 액자가 걸려 있다.

한 사람의 특급 인재를 영입하기 위해 과거 중국 후한 말 유비가 제갈량을 상대로 삼고초려 했던 것처럼 성심을 다하겠다는 의지의 표현이다. 이 상무는 최근 그룹 내 상위 20% 내에 드는 연구·개발(R&D) 인력을 장차 S급 인력으로 양성하기 위한 방안 마련에 나섰다.

핵심인재를 얼마나 확보했느냐 여부로 연말 인사평가를 받는 주요 계열사 CEO들 역시 해외 우수인재를 유치하기 위해 현지로 날아가 당사자를 직접 설득하는 노력을 마다하지 않는다.

황창규 삼성전자 반도체 총괄 사장의 경우 해외출장 길에 거의 매번 영입대상자를 만나고 있다. 이 같은 방침 때문에 삼성전자 내에는 윤종용 부회장보다 더 많은 연봉을 받는 엔지니어 등의 인력이 10명 이상 포진하고 있다.

윤 부회장을 포함한 삼성전자 사내 등기이사 평균 연봉이 50억 원 안팎에 달하는 상황을 감안하면 기술 분야의 핵심인력들이 받는 대우는 상상을 초월할 정도다.

회사 관계자는 "조(兆) 단위의 수익을 창출하는 사업부의 핵심인력에겐 1백억 원을 줘도 아깝지 않다는 것이 기본적인 방침"이라고 말했다.

삼성 인재경영의 비밀

“다른 좋은 취업 기회를 뒤로하고 삼성 미래전략그룹을 선택한 이유는 삼성에서의 근무가 나의 커리어에 큰 도움이 될 것이라고 판단했기 때문입니다.”

지난해 9월 삼성 미래전략그룹에 합류한 로만 세페다 씨(29)는 “미래전략그룹에 들어온 건 행운”이라고 말했다. 세페다 씨는 미국 MIT대에서 기계공학을 전공한 뒤 와튼스쿨에서 MBA(경영학석사)를 마친 재원. 포드와 마쓰다 등 세계적인 기업에서 4년간 근무한 경력도 있다.

세계 일류 기업들이 졸업을 앞둔 그를 붙잡으려 했던 건 당연한 일. 하지만 그는 삼성 미래전략그룹을 선택했다. 쉽지 않은 결정이었다.

머나먼 한국에서 근무해야 한다는 것 자체가 도전이었기 때문이다. “엔지니어 경력을 살리면서 다양한 전략 컨설팅을 수행할 수 있다는 생각에 마음을 굳혔습니다. 인재를 소중히 여기는 삼성의 경영방침과 오래전부터 가져온 동양에 대한 관심도 이런 결정을 부추겼지요.” 세페다 씨는 지금 돌이켜봐도 당시의 판단이 옳았다고 믿고 있다.

실제 세페다 씨는

- 중국 경쟁업체 벤치마킹 방안
- 미국시장에서의 신규사업
- 시장중심적인 마케팅 방안 등 3개 프로젝트를 말끔히 수행해내며 자신의 실력을 한 단계 높였다고 생각한다.

"우선 맡은 일이 너무 재미있어요. 일하는 분위기도 좋고요. 컨설팅 받는 계열사 경영진이 수시로 자신감을 북돋워주기 때문에 항상 긍정적으로 일하고 있습니다." 세페다 씨는 그러나 MBA 동료들에게 무조건 삼성 미래전략그룹 입사를 추천하지는 않겠다고 말했다.

모험심과 도전의식이 없는 사람에게는 고역이 될 수 있다는 이유에서다.

세페다 씨는 삼성에 대해 "세계적인 대기업 중 가장 빠른 속도로 변화하는 기업"이라며 "이는 변화를 주도하는 리더십과 이를 두려워하지 않는 조직문화가 어우러진 결과"라고 평가했다.

그는 삼성의 인재경영에 대해 "'기업에 가장 중요한 건 어떤 제품을 만드느냐가 아니라 얼마나 우수한 인재를 확보했느냐'란 이건희 회장의 철학에 동의한다"며 "우수인재를 보유한 기업은 산업 환경과 시장상황이 변해도 언제나 승자가 되기 때문"이라고 강조했다.

대우는 어떻게

삼성은 미래전략그룹에 소속된 외국인 직원들에 대해 특급 인재에 걸맞은 대우를 해주고 있다.

연봉은 대략 10만 달러 이상.

세계 10대 MBA 졸업자가 미국 또는 유럽의 현지 기업에 들어갈 때 받는 수준이다. 이와 별도로 실적에 따라 성과급도 연봉의 20% 범위 내에서 지급한다. 급여 외 복지혜택도 상당하다. 아파트 제공은 기본에 속한다. 기혼자에게는 40평형대, 미혼자에게는 30평형대 아파트가 주어진다.

용이한 출퇴근을 위해 사무실에서 멀지않은 한남동과 이태원 일대 아파트나 빌라가 주로 제공된다. 삼성은 이들 외국인 컨설턴트들의 개인 문제를 돌봐줄 전담직원도 배치했다. 비자 문제에서부터 자녀 학교 문제, 병원 문제 등 골치 아픈 일들은 이들 전담직원이 모두 처리해 준다. 한국을 더 잘 이해하도록 강사를 초빙, 일주일에 4시간가량 한국어 공부도 시켜준다.

각종 문화 클럽도 운영, 외국인 컨설턴트들이 주말을 이용해 전국 각지를 여행하거나 영화관람 체육활동 등을 즐기도록 돕고 있다. 1년에 한 차례 고향에 다녀오도록 회사비용으로 비행기 티켓도 지원한다. 업무 외적인 일도 전부 회사가 돌봐 준다는 게 삼성의 설명이다.

하지만 삼성이 베푸는 가장 큰 배려는 무엇보다 이들 초특급 인재들이 업무적으로 성장할 수 있도록 도와준다는 것이다. 각 계열사 최고경영진과 함께 머리를 맞대는 기회를 자주 제공함으로써 컨설턴트 개개인의 실력 향상을 이끌 뿐만 아니라 '삼성이 이렇게 중요한 일을 나에게 맡겼구나'라는 자부심까지 느끼게 해준다는 것.

삼성 관계자는 "초특급 인력들이 삼성 미래전략그룹에 입사하는 가장 큰 이유는 이곳에서의 경력이 자신의 '몸값'을 높이는 데 도움이 된다고 생각하기 때문"이라며 "실제 삼성에서의 경력을 인정받아 몇 배의 연봉을 받고 전직한 컨설턴트도 있다"고 말했다.

인사 시스템 대해부

삼성전자는 올해도 수많은 S(Super) A(Ace) H(High Potential)급 인재를 영입했다. 최고경영진들이 전력을 다해 스카우트전을 펼친 결과다.

현재 삼성전자가 확보한 핵심인재 가운데 S급은 1백 명 안팎. A급과 H급 인재는 이보다 훨씬 많다. S급이 1백 명 정도라는 점을 감안할 때 A급과 H급 인재는 그보다 10배는 많다고 보면 맞다.

핵심인재를 축으로 짜인 삼성의 인사 시스템은 상당히 복잡하다. 복합적인 기준과 내용들이 매트릭스처럼 얽혀 있어 이해하기 쉽지 않다. 핵심인재와 비핵심인재 간 처우에 어떤 차이가 있는지도 정확히 알려져 있지 않다.

삼성의 인사 시스템을 벤치마킹하기 위해 몇 차례 자문한 모기업 관계자는 "한눈에 파악하기 어려운 구조여서 회사에 설명하기가 쉽지 않았다"며 "최근 10년간 급변해 온 경영 환경에 상당히 단련된 것 같다는 느낌이었다"고 말했다.

여기에다 석·박사학위 소지와 핵심인재 간 상관관계, 임원과 핵심인재의 일치 정도 등도 직원들에게는 궁금한 사안들이다.

삼성전자의 사례로 삼성의 인사 시스템을 들여다본다

공채를 통해 들어온 신입사원도 핵심인재로 분류될 수 있다. 물론 등급은 '잠재력이 높다'는 뜻의 H(High Potential)급을 받는다. 국내

외 유수 대학 졸업자로 전문기술지식 창의력 어학능력 등을 감안해 자질이 뛰어나다고 판단되면 핵심인재로 분류한다.

미국의 경우 '톱20' 대학에서 성적이 상위 3~5% 내에 든 졸업생이 대상이다. 하지만 본인도 자신이 핵심인재인지, 아닌지 전혀 알 수 없다. 회사 측이 통보해 주지 않기 때문이다.

다만 급한 현안이 생겨 태스크포스팀을 구성할 때 대부분 우수인재들로 팀을 꾸리기 때문에 핵심인재들은 서로를 알아볼 때가 있다고 한다. 핵심인재를 자체 양성한 사내파와 외부에서 스카우트한 영입파로 분류하면 S급은 5대5로 균형을 이루지만 전체적으로는 4 대 6 정도로 영입파가 많다.

지난 93년 이후 신경영이 본격화하면서 순혈주의(공채기수 중심의 인사관행)를 지양한 데 따른 결과다. 공채 출신 비핵심인재라도 나중에 능력을 검증받으면 핵심인재로 분류될 수 있다.

영어실력이 뛰어나고 삼성이 요구하는 인재상인

- 전문성
- 창의성
- 변화와 혁신 마인드
- 리더십과 도덕성
- 디지털 컨버전스를 수행할 수 있는 네트워크 능력을 갖췄다고 평가받으면 언제든 H급이나 A급이 될 수 있다.

최근에는 디지털 컨버전스에 대한 업무수행 능력이 크게 강조되는 분위기다.

마찬가지로 일정기간 성과가 부진하거나 자질이 부족한 것으로 평가되면 언제든지 등급 분류를 취소할 수도 있다.

석·박사학위를 따더라도 그 자체로는 핵심인재 기준을 충족시키지 못한다.

학위 취득이 개인의 업무성과 향상으로 분명하게 이어져야 한다. 현재 삼성전자 내 석·박사학위 소지자는 모두 1만 9백여 명. 핵심인재의 숫자와 차이가 있다. 같은 핵심인재 영역에서 등급 조정도 이뤄진다.

맡은 분야에서 괄목할 만한 실적을 내거나 두드러지게 조직에 기여한 부분이 있으면 H급에서 A급으로 올라설 수 있다. 휴대폰 영업을 예를 들면 경쟁사에서 누구나 실력을 인정할 정도가 돼야 한다는 것이 A급 기준이다.

S급은 글로벌 톱 수준의 역량이 있어야 받을 수 있다. 삼성그룹 CEO의 대부분이 S급에 속한다고 보면 맞다. 핵심인재와 임원 승진 사이에는 직접적인 인과관계가 없다. 핵심인재라고 임원 자리가 보장되는 것은 아니라는 얘기다. 다만 신규 임원을 선임할 때는 핵심인재가 유리한 평가를 받는다.

핵심인재에게 주어지는 인사상의 구체적인 혜택은 파격적인 인센티브 부여, 경력관리나 자기계발 기회 등이다. 하지만 비핵심인재들이 두드러지게 불이익을 받는 것도 아니다.

임원 승진은 사전에 정해진 별도의 기준과 요건에 의해 이뤄진다. 또 조직의 균형 발전을 중시하기 때문에 비핵심인재들이 하는 업무의 중요성을 충분히 인지하고 있다는 것이 회사 측 설명이다.

핵심인재 어떻게 스카우트하나

삼성전자의 K 부사장은 미국 출장 때마다 지방의 소도시 한 곳을 꼭 들른다. 비즈니스가 있는 것도, 볼거리가 있는 것도 아닌데 국내선을 갈아타야 하는 불편을 감내하면서 그는 굳이 그곳을 찾아간다. S급 인재로 분류되는 R 씨를 영입하기 위해서다.

R 씨는 지금껏 삼성전자가 외부에서 스카우트한 S급 인재와 비교해 결코 손색이 없는 IT업계의 거물급 인재. 현지 엔지니어들에게도 상당한 영향력을 갖고 있는 것으로 알려져 있다.

K 부사장이 R 씨를 처음 방문한 것은 지난 4월. 회사 내 글로벌 채용팀의 보고를 받고 뉴욕 출장길에 그를 찾았다.

첫 만남인 만큼 조심스럽게 접근했다.

스카우트 얘기는 꺼내지도 않았다.

대신 "지금 당신이 다니고 있는 회사는 5년, 10년 후를 대비해 어떤 그림을 그리고 있느냐"는 등의 질문만 던졌다.

R 씨는 즉답을 피한 채 IT업계의 동향과 한국 전자업체들의 약진에 대한 얘기로 화제를 돌렸으며 K 부사장은 그에 맞춰 삼성전자의 사업전개 상황과 미래의 비전을 소상하게 설명하는 것으로 상견례를 마쳤다.

K 부사장은 다음 날 그를 다시 방문했다.

전날 속내를 약간 비친 터라 거두절미하고 스카우트 의사를 밝혔다. 세계 최고 수준의 대우에 다섯 가족이 기거할 수 있는 1백 평짜리 아파트를 제공하겠다는 조건을 제시했다.

하지만 대답은 'No' "그렇지 않아도 전날 밤 아내에게 삼성에서 사람이 왔다고 했더니 친지도, 친구도 없는 한국에 가서 살고 싶지 않다고 하더라"는 것. K 부사장은 "당신의 사정을 잘 알겠다. 하지만 학술회의차 한국이나 일본에 올 기회가 있으면 반드시 연락해 달라. 스카우트를 떠나 동종업계의 친구로 사귀고 싶다"는 말을 남기고 발길을 돌렸다.

K 부사장은 그 뒤 수차례 R 씨를 찾았지만 아직까지 그를 영입하지 못하고 있다. 하지만 포기하지 않았다. 다음에 미국에 가면 또 그를 방문할 계획이란다. 삼성이 S급 인재를 끌어오기 위해 얼마나 노력하는지를 보여주는 사례다.

삼성은 올해 S, A, H급으로 분류되는 핵심인재들을 스카우트하는데 무려 90억 원이라는 경비를 들여야 했다. 미국, 유럽, 중국, 인도 등에 마련된 글로벌 채용거점(IRO: International Recruiting Office) 운영비를 제외해도 막대한 리크루트 비용을 투입한 셈이다. 물론 돈을 많이 들여 뛰어난 인재를 데려올 수 있다면 큰 고민이 아니다.

문제는 R 씨의 경우처럼 한국에서의 생활 문제, 이질적인 문화에 대한 적응, 가족들의 반대 등이 오히려 더 큰 걸림돌이 될 때가 많다. 삼성은 이 때문에 스카우트 대상자의 가족들에게도 세심한 배려를 한다.

좋은 관광상품을 만들어 서울과 제주도 등으로 가족 동반 여행을 시켜주고 한국의 전통문화를 소개하는 책자를 정기적으로 보내준다. 자녀를 위해 외국인 학교를 알선해 주는 것은 기본이다.

삼성전자가 지난 7월 S급 인재로 채용한 L 씨는 무려 7년이나 공을 들여 영입한 케이스다. L 씨는 미국에서 학부를 마치고 석사를 거쳐 J사의 아·태지역 마케팅 담당 부사장을 맡았던 인물. 1963년

생인 점을 감안하면 그는 34살 때부터 삼성에서 강력한 러브콜을 받아온 셈이다.

삼성은 7년간 공을 들여 영입해 놓고도 그를 즉각 현업에 배치하지 않았다. 업무 흐름을 익히며 나름대로 조직문화에 적응할 수 있는 시간을 주겠다는 배려에 따른 것이다. 그런 점에서 보면 K 부사장이 R 씨에 대한 욕심을 접지 않는 것도 당연하다.

그는 "앞으로 3년이든, 5년이든 기다릴 것"이라며 "혹시 도중에 내가 회사를 그만두게 되면 후임자가 다시 그와 접촉할 것"이라고 말했다.

핵심인재 관리는 어떻게

윤종용 삼성전자 부회장은 상당수 외국인 핵심인재의 멘토(mento: 경험과 연륜으로 상대방의 잠재력을 파악하고 그가 꿈과 비전을 이룰 수 있도록 도와주는 사람)를 맡고 있다.

멘토의 상대방은 외부에서 영입한 S급 인재. 윤 부회장은 한 달에 한 번씩 이들과 식사를 하거나 면담을 갖는다.

그는 "하늘이 두 쪽 나도 이 약속은 지켜야 한다"고 강조한다. 대화는 복잡한 현안들이 배제되고 가족들 안부를 묻는 데서 시작된다. 일상의 크고 작은 고충과 애로들을 물어보고 업무 흐름에 불편함이 없는지도 세세하게 체크한다. 면담이 끝나고 나면 윤 부회장은 직접 메모를 작성해 관련 부서에 업무 지시를 내린다.

삼성전자의 최도석 경영지원총괄 사장과 김인수 인사팀장도 이런 식으로 핵심인재들과 매월 다섯 차례 정도 정기 면담을 갖는다. 삼성은 핵심인재가 회사에 안착해 오랫동안 다닐 수 있도록 다양한 제도적 장치를 해놓고 있다.

멘토도 그중 하나다. 사장은 S급 인재, 사업부장은 A급 인재, (수석)부장은 H급 인재에 대해 1대1로 직접 멘토를 맡아야 한다. 매월 면담 보고서를 제출해야 할 뿐만 아니라 개선요청 사항을 받아들여 즉시 시행하는 것도 멘토의 의무다.

만약 핵심인재가 석연찮은 이유로 회사를 그만두게 되면 1차적으로 책임을 져야 하는 사람 역시 멘토다. 삼성이 핵심인재를 이처럼 맨투맨 식으로 관리하는 이유는 인재를 영입하는 것 못지않게 이들을 안착시키는 일이 어렵다고 판단하기 때문이다.

삼성 관계자는 "능력이 뛰어날수록 경쟁사의 스카우트 표적이 되기 쉽고 외국인들의 경우 이질적인 한국문화에 적응하기 어렵다는 점을 감안한 제도"라고 설명했다.

특히 조직 운영에 불만을 품고 떠난 외국인이 험담을 하고 다니는 상황은 최악이다. 세계 IT업계에 평판이 나빠지면 인력 수혈에 큰 차질이 빚어질 수밖에 없다. 삼성전자는 이 때문에 퇴직 가능성이 있다고 판단되는 사람에 대해선 밀착 관리에 들어가 대인관계 및 개인 전문성과 업무의 불일치 여부 등을 정밀하게 진단, 즉각 개선책을 마련한다.

덕분에 핵심인재의 퇴직률은 2.3%에 불과하다.

김인수 인사팀장은 "핵심인재를 관리하는 목표는 단순히 회사에 붙들어 두는 것이 아니라 조직문화에 잘 적응토록 해 일에 대한 보람과 성취감을 느끼게 하는 것"이라고 말했다.

삼성은 또 외국인들이 스스로 비전을 찾아가며 업무에 매진할 수 있도록 지난 2002년 이후 외국인 임원을 지속적으로 배출해 왔으며 내년에도 1~2명의 신규 임원을 선임할 것으로 알려졌다.

외국인은 삼성에 입사하게 되면 일단 'Employee Guide Book'이라는 이름의 두꺼운 책자를 제공받는다. 영어판 일어판으로 제작된 이 책에는 인사제도 편의시설 회사소개 정착정보 주거지 금융·의료 시설 이용법 등이 자세하게 소개돼 있다. 여기에 각 사업장에는 'Global Help Desk'라는 이름의 지원조직이 설치돼 총 20여 명의 전문 인력이 배정돼 있다.

영어 요원 10명, 일본어 요원 10명 등으로 구성된 이들은 핵심인재의 크고 작은 집안일과 차량 관리, 해외 출장 시 입출국 비자업무 처리 등 업무수행에 필요한 제반 지원활동을 펼치고 있다.

삼성은 또 가족을 고국에 두고 홀로 생활하고 있는 핵심인재들을 위해 해외에 있는 가족들의 대소사도 챙겨준다.

예를 들어 부인이나 다른 가족이 일자리를 원할 경우 글로벌 인사팀을 통해 즉각 직장을 마련해 주기도 한다.

외국인 핵심인재들에겐 다국적 기업 수준의 높은 연봉 외에 마케팅 기술 등의 분야를 중심으로 다양한 인센티브가 제공된다.

A, H급 인력의 경우 수백만 원에서 수억 원까지 책정돼 있다. 하지만 우수인재를 붙들어두기 위한 가장 큰 장치는 회사의 강력한 의지다. 윤종용 부회장은 임직원들에게 틈날 때마다 "외부에서 왔다고 텃세를 부리거나 따돌리는 일이 생기면 결코 좌시하지 않겠다"는 뜻을 밝히고 있다.

최지성 디지털미디어 총괄 사장 역시 외국인들과 수시로 식사를 하며 "업무에 불편한 일이 있으면 나를 직접 찾아오라"고 주문한다. 삼성은 이를 통해 인재 간 상생풍토를 조성, 조직 전반의 경쟁력을 높인다는 전략이다.

이건희 회장의 인재양성 3계명.

① 1등은 과감하게 보상.

② 학연-지연은 절대 금물.

③ 패자 부활전 기회 준다.

지난해 1월 9일 신라호텔에서 열린 이건희 회장의 생일파티. 계열사 CEO들은 멀찍이 서서 칵테일을 마시고 있었다. "어이 OOO 사장. 기업 경영은 그렇게 잘하면서 왜 자꾸 뒤에 서 있는 거야. 이리 와." 과묵한 성품인 이 회장의 한마디에 OOO 사장은 그룹 내에서 확고한 위치를 다졌다.

더 거슬러 올라가 1980년대. 당시 삼성전자에서는 밖에서 온 사람에 대한 텃세가 대단했다. 그러자 이 회장은 미국에서 영입한 반도체 전문가의 연봉을 CEO보다 높게 책정해 버렸다. 이처럼 이 회장은 인재들이 '뜰' 수 있도록 조직 분위기를 만들어 간다. 힘을 실어줄 때는 과감히 실어준다.

이 회장의 인재 키우기 방법 중 또 하나는 과감한 보상이다. 사실 삼성은 내부 경쟁이 매우 치열한 조직. 이는 1등에 대한 엄청난 보상, '남들만큼만 해서는 안 된다. 남보다 더 잘해야만 한다'는 생각을 끊임없이 갖게 만드는 조직 문화의 산물이다.

임원 승진은 '하늘의 별따기'처럼 경쟁이 치열하지만 일단 임원만 되면 확실한 대우를 해준다. 올해 삼성전자 등기 임원(총 7명)의 연간 총 보수 한도는 500억 원. 매년 분야별로 뽑는 '자랑스러운 삼성인상' 수상자에게는 5000만 원의 상금과 1계급 특진을 부여한다. 이 회장은 이상 수상자 선발 자료만큼은 직접 꼼꼼히 검토하고, 시상도 직접 한다.

또 학벌, 지연을 절대 따지게 못하게 한다. 삼성에서는 동창회, 향우회 결성은 상상조차 하기 힘든 분위기다. 또 패자부활전을 강조한다. 수년 전, 이 회장은 사장들을 모아 놓고 종합비타민제를 나눠줬다.

"여러분 중 회사에 수백억 손해 끼친 분들도 있습니다. 그런데 그런 분들이 몸이 아프면 제가 손해입니다. 실패한 경험에서 많이 배웠을 테니 이제 약 잘 먹고 건강관리 잘해서 실패를 만회해 주세요."

자료출처: 삼성 인재경영의 비밀 '글로벌 첨병' 확보전략 / 한국경제신문

명품 CEO의 8가지 조건

경영자라고 해서 다 같은 경영자가 아니다. 크라이슬러를 회생시켰지만 구성원의 신망을 잃은 리 아이아코카, 혜성처럼 나타나 HP

사를 이끌었지만 성과부진으로 CEO자리를 떠난 칼리 피오리나 등 이들은 한때 괜찮은(Good) 경영자라는 평을 받았지만, 훌륭한(Great) 경영자가 되기에는 부족함이 있다.

반면 잭 웰치, 로이 바젤로스, 빌 게이츠, 스티브 잡스, 짐 맥너니 등과 같이 시간이 흐를수록 훌륭한 경영자로 칭송되며 오래도록 회자되는 CEO들도 있다. 이들은 마치 명품처럼 비싼 몸값을 들여서라도 영입하고 싶은 CEO일 뿐만 아니라 모든 경영자들이 닮고 싶어 하는 그런 경영자, 바로 '명품 CEO'다.

시장으로부터 탁월한 성과 창출 능력을 인정받는 동시에 사회와 구성원들로부터 존경받으며 일류 기업을 만드는 경영자이다. 이번 호에서는 일류 기업의 탁월한 경영자들의 남다른 면모를 통해 명품 CEO가 갖추어야 할 조건을 살펴본다.

미래를 보는 눈…… '선견지명(先見之明)'

세계적 경영 컨설턴트 브라이언 트레이시는 저서『미래를 움직이는 경영전략』에서 '불확실성이 높은 비즈니스 환경에서 경영자가 지녀야 할 최고의 덕목은 미래 예측력'이라고 지적한 바 있다.

사실 미래를 예측하는 것은 경영자에게 가장 어려운 숙제가 아닐 수 없다. 이러한 어려움에도 불구하고 미래를 예측해야 하는 이유는 미래를 한발 앞서 예측하여 준비하고 적응하지 못한 기업은 생존할 수 없기 때문이다.

따라서 이 시간 경영자들이 어떤 생각을 하고 있느냐는 회사의 미래 향방을 가늠하는 데 결정적 영향을 미칠 수밖에 없다. 이를 위해 경영자는 눈을 크게 떠 비전을 보고, 입체적으로 사고해야 한다.

또한 동물적 감각과 직관으로 판단하고 이를 행동에 옮길 수 있는 용기도 필요하다. 이와 관련해서는 버진 그룹의 CEO 리처드 브랜슨이 좋은 예가 된다. 그는 직관에 의해 의사결정을 내리는 것으로 유명한데, 1984년 항공 사업에 뛰어들어 성공을 이루어낸 바 있다. 이런 직관에 의한 의사결정도 미래를 제대로 읽는 눈이 없었다면 실패할 수밖에 없었을 것이다.

미래 기업의 新성장동력…… '창의성'

'창의성(Creativity)'도 중요한 조건이다. 경영자의 창의적 능력은 회사의 미래를 결정하는 힘이 되기 때문이다. 좋은 본보기로는 창의적 경영자의 대표 아이콘으로 유명한 애플社의 CEO 스티브 잡스가 있다.

메인 프레임 컴퓨터가 지배했던 70년대에 그는 이미 개인용 PC 시대를 열었다. 또한 세계 최초의 컴퓨터 3D 장편 애니메이션인 '토이 스토리'를 제작한 장본인기도 하다. CEO로서 그는 평소 '기존의 질서와 철저히 다르고 새로운 것'을 중시하며, 유난히 기술보다는 디자인과 창의성을 강조해 왔다.

그래서인지 최근 출시해 화제가 된 애플社의 모든 제품은 그의 예술적 감각과 창의적 발상이 반영되어 있다. 속이 훤히 들여다보이는 파격적인 디자인의 '아이맥' 컴퓨터와 전 세계 디지털 음악 시장을 강타한 '아이팟'이 바로 그것이다. 그 결과, 스티브 잡스는 얼마 전 보스턴컨설팅그룹이 전 세계 940명의 CEO를 대상으로 한 조사에서 '현존하는 CEO 가운데 가장 창의성이 높은 경영자'로 지목됐다.

빼어난 인재 기용 능력…… '용병술'

아무리 슈퍼맨 같은 CEO라 할지라도 혼자서 모든 것을 할 수 없다. 따라서 좋은 사람을 제대로 활용할 줄 아는 대담하면서도 세심한 용병술도 경영자에게는 빼놓을 수 없는 능력이다. 그래서인지 일류 기업의 명품 CEO들은 인재에 대한 각별한 애정과 관심을 표한다.

빌 게이츠는 스티브 발머라는 경영 천재를 삼고초려를 통해 자신의 오른팔로 만든 것으로 유명하다. 한 언론과의 인터뷰에서도 빌 게이츠 역시 "내가 성공할 수 있었던 것은 나의 곁에 항상 스티브 발머와 같은 스마트 피플(Smart People)들이 있었기 때문이다. 만약, 이들이 없었다면 오늘날의 MS는 불가능했을 것"이라고 말한 바 있다.

동기부여의 진수…… '인간미'

인간미 또한 빼놓을 수 없다. 경영자에게 있어 진정한 인간미는 '배려', '칭찬', '겸손'의 3박자를 고루 갖출 때 의미가 있다. 따뜻하고 순수한 가슴으로 구성원들을 감싸 안아주는 배려, 구성원들을 긍정의 힘으로 변화하게 만들 수 있는 칭찬, 경영자의 겸허한 자세는 그 어떤 것보다 경영자에 대한 깊은 신뢰와 존경심을 형성시키기 때문이다.

그렇지 못하다면 아무리 좋은 업적도 빛을 잃고 만다. 크라이슬러社의 리 아이아코카는 각종 TV 프로그램에 출연하고 자서전을 발간하는 등 자신을 지나치게 영웅화하면서 겸손함을 잃었다.

이는 구성원들의 신망도 함께 잃는 결과를 낳아서인지, 그는 기울어져가는 회사를 극적으로 회생시키고 탁월한 업적을 인정받는 성공한 경영자였지만, 구성원들로부터 존경받는 CEO가 되지는 못했다.

배움에 대한 열정…… '공부벌레'

1분 1초도 헛되이 보낼 수 없는 것이 경영자의 위치이다. 하지만 바쁘다는 것을 핑계로 경영자가 공부를 게을리 하면 회사는 더 이상 발전하지 못한다. 일류 기업을 이끄는 명품 CEO들이 배움에 대한 열정이 남다른 이유도 여기에 있다. 그래서인지 이들은 끊임없이 학습하여 낡은 것은 과감히 버리고 새로운 것을 얻기 위해 항상 분주하다.

먼저, '구성원이 있는 현장'을 학습의 장(場)으로 적극 활용하는 CEO가 있다. 월마트社의 설립자 샘 월튼이다. 그는 현장을 순회하며 직원들과 '대화하는 것'을 즐긴다. 그는 "직원들 간의 대화만큼 중요한 것은 없다고 생각한다. 직원들과 대화하다 보면 조직의 문제를 발견하게 되고, 새로운 인재를 발굴하기도 한다"라고 말한다.

반면 MS社의 빌 게이츠는 현장으로 직접 가지는 않지만, 현장 구성원들이 작성한 생생한 제안서를 읽으면서 학습의 시간을 갖는다. 그는 일주일에 평균 70시간 이상 일하는 일 벌레로 알려져 있지만, 일을 하지 않을 때는 마치 블랙홀처럼 대량의 정보를 흡수하는 '공부벌레'로도 유명하다.

특히 빌 게이츠는 일 년에 두 번, 일주일간 은둔 기간을 갖는다. 가족이나 측근들의 출입조차 철저히 차단한 채 향후 회사의 경영 전략을 다듬는 일명 '씽크 위크(Think Week)'을 갖기 위해서이다. 씽크 위크 도중에 그는 전 세계 직원들이 작성한 보고서와 제안서를 읽고 때론 18시간 내내 독서 삼매경에 빠져든다고 한다.

넘치는 활력과 스태미나…… '건강'

넘치는 활력과 스태미나의 근간이 되는 건강도 중요하다. 명품 CEO는 건강관리에도 소홀하지 않는 사람이란 얘기다. 기업이라는 조직의 정점에 있는 CEO는 회사의 수장으로서 전권을 행사하기 때문에 외면상으로는 화려해 보이지만 그 뒷모습은 고통스러운 경우가 많다. 매순간 피 말리는 고민을 해야 하고, 때로는 주위의 반대를 무릅쓰고 결단을 내려야만 하는 책임감과 고뇌가 만만치 않기 때문이다.

따라서 몸과 마음이 건강하지 못한 CEO는 그 자리에 쏟아지는 스트레스의 중압감을 견디지 못하고 무너질 가능성이 높다. 기업 입장에서도 CEO의 건강은 매우 중요한 의미를 갖는다. 심심찮게 CEO의 건강 이상설이 나돌면 그 자체가 기업에 마이너스 요인이 되기 때문이다. 실제로, 증권가 애널리스트 사이에서는 CEO의 건강 여부가 각종 재무제표 못지않게 중요한 투자 정보라고 한다.

정직한 품성과 도덕성…… '정도(正道)'

한 치의 흐트러짐 없이 정도(正道)만을 걷는 자세도 명품 CEO가 갖추어야 할 조건이다. 이에 대해 피터 드러커는 "경영자의 정직한 품성과 도덕성이야말로 존경받는 경영자의 근간이다. 바른 길을 걷는 경영자의 자세는 그를 따르는 모든 부하 직원들의 본보기가 될 뿐만 아니라 장기적으로 창조적 기업의 발판이 된다"고 말했다.

몇 해 전 비윤리적 분식 회계로 세간에 물의를 일으켰던 엔론의 경영진에서부터, 정직하지 않은 리더들은 주위에서 쉽게 찾아볼 수 있다. 예컨대 자신의 업적을 위해 부하 직원들의 아이디어를 혼자 전용하거나, 장기적 경쟁력을 갖추기 위해 노력하기보다는 재임 기간 중 당장의 재무성과를 내어 많은 보상을 받고 타 회사로 이직해 버리는 경우이다. 이를 '경영자 기회주의(Managerial Opportunism)'라고 하는데 기회주의자가 존경받을 리는 없지 않은가.

노블레스 오블리주의 실천…… '사회적 책임'

노블레스 오블리주(Noblesse Oblige)의 실천이라 할 수 있는 사회적 책임을 다하는 경영자의 자세도 명품 CEO의 조건이다. 여기서 노블레스 오블리주란 명예(Nobless)만큼 의무(Oblige)도 다해야 한다는 것으로 지도층에게 요구되는 솔선수범과 높은 수준의 도덕적 의무를 의미한다.

사회적으로 존경받는 기업이 장기적으로도 성공할 확률이 높은 것은 당연할 것이다. 이와 관련해서는 세계적 제약 기업 머크社의 전 CEO 로이 바젤로스가 좋은 본보기이다. 1990년 '강변실명증(화선사사충이란 기생충에 의해 실명에 이르게 하는 질병으로 주로 강변에서 감염)'의 공포가 아프리카 대륙을 뒤덮었을 때, 그는 그 치료약을 개발하겠다고 이사회에 알렸다. 그러나 이사회는 약을 개발/판매해도 이익이 나지 않을 것이라는 이유로 치료약 개발에 대해 크게 반발하였다.

하지만 그는 기업의 사회적 책임의 중요성을 일찌감치 감지하고 이를 강력히 추진하게 된다. 치료약이 아프리카에 무료 보급되자 회사의 이미지는 더욱 좋아졌고, 과학자들은 인류 사회에 기여하는 머크社를 입사하고 싶은 회사로 지목하게 되었다. 결과적으로 제약 기업의 사회적 책임이 미래에는 한층 더 중요해질 것이라는 사실을 간파한 CEO의 혜안이 세계 최고의 제약 기업을 탄생시키는 발판이 된 것이다.

초심(初心)을 잃지 말아야

정말로 큰 어려움에 처할 때는 적지 않은 경영자들이 좌절을 하거나 깊은 회의 또는 절망감에 빠진다. 이때 불교에서 말하는 초심(初心)은 경영의 혜안을 준다. '작은 차이가 명품을 만든다'는 말처럼 명품 CEO도 마찬가지일 것이다. 초심으로 일관하는 작은 마음가짐 하나가 그저 괜찮은 경영자와의 차이를 낳는 것은 아닐까. 아마도 명품 CEO의 가슴에는 결코 물러서지 않고 어떠한 시련도 극복하겠다는 '용맹정진(勇猛精進)'의 초심이 깊이 새겨져 있어야 하며 이를 실천하는 CEO만이 성공할 수 있다.

• 저자 •

최봉학
崔鳳鶴

■ 학 력

한성대 디지털중소기업대학원 수료

■ 자 격

기술지도사(정보처리)
Ansoff 전략 컨설턴트
QMS 국제심사원
기업가치평가사
경영컨설턴트

■ 경 력

한국BSC연구회 회장
다수의 공공기관, 민간기업 BSC 구축 PM
대한경영평가원 상임이사
한국컨설팅협회 경영지원단 전문위원
한국강사협회 명강사 회원

면접에서 육성까지
한권으로 끝내주는 **기질면접**

• 초판 인쇄 2008년 6월 25일
• 초판 발행 2008년 6월 25일

• 지 은 이 최봉학
• 펴 낸 이 채종준
• 펴 낸 곳 한국학술정보㈜
경기도 파주시 교하읍 문발리 513-5
파주출판문화정보산업단지
전화 031) 908-3181(대표) · 팩스 031) 908-3189
홈페이지 http://www.kstudy.com
e-mail(출판사업부) publish@kstudy.com
• 등 록 제일산-115호(2000. 6. 19)
• 가 격 29,000원

ISBN 978-89-534-9621-7 93320 (Paper Book)
978-89-534-9622-4 98320 (e-Book)